대한민국 청소년에게

인문학적 사고와 시대정신으로 세상과 소통하라!
대한민국의 미래를 짊어질 청소년들을 위한 필독서

대한민국 청소년에게

바이북스
ByBooks

그날 우리는 대한민국의 희망을 보았습니다

어느 날부터 10대 초반의 앳된 학생들이 대한민국의
뉴스메이커가 되었습니다. 이 나라를 이끌어가고 있다고
해도 과언이 아닙니다. 딱히, 그 근원을 밝힌다면 '광우병
쇠고기 수입 반대' 촛불집회가 발화점이 된 것 같습니다.
5월이 시작되던 주말 저는 두 딸과 함께 모처럼 청계천을
찾아갔습니다. 일종의 가족 나들이였던 셈입니다. 그런데
시선을 사로잡는 광경이 연출되고 있었습니다. 아닙니다.
그건 분명 역사적 사건이었습니다. 새로운 역사의 시작을

알리는 사인이기도 했습니다. 교복을 입은 앳된 학생들이 자유발언대에 나와서 거침없이, 그러나 논리정연하게 시대와 역사와 교육과 민족과 환경을 얘기하는 것입니다. 순간, 저는 아찔한 현기증과 함께 울컥하는 뜨거운 감정에 사로잡혀 가만 쪼그려 앉았습니다. 그저 귀를 쫑긋 세우고 두려움 반 호기심 반으로 그렇게 한참동안 문화적 충격을 즐겼습니다. '딸, 미안해. 진즉에 나와 보는 건데.' 때늦은 후회와 반성도 뒤따랐습니다.

갖가지 주장이 저의 귓속을 후벼 팠습니다. 그렇습니다. 우리 아들딸들의 입을 통해 '시대정신'을 읽을 수가 있었습니다. 당연히 저는 굳은살처럼 변해버린 사고방식과 고정관념을 깨뜨리고 교정하는 노고를 자청할 수밖에 없었습니다. 그것도 기쁨으로 말입니다. 그간 간직해온 10대들에 대한 고정관념입니다. "하라는 공부는 않고 뭔 짓들이야, 니들이 역사를 알아? 생각이 있는 건지 없는 건지, 세상이 어떻게 되는지 정말 걱정이다" 등등 저 역시 잔소리와 푸념을 입에 달고 사는 역사의 늙은이가 되어가고 있었던 것입니다. 그런데 그날, 그곳에서 저는 대한민국의 힘을 보았습니다. 아니, 여리지만 옹골차고 강단 있

게 몸부림치는 변화를 목격했던 것입니다. 그들은 속이
꽉 찬 알짜배기 영혼들이었습니다. 그리고 그들의 말과
행동, 표정은 하나같이 엄숙하고 거룩한 종교행위라고 해
도 좋을 성싶었습니다.

흔히 불火의 시대, 혹은 어두운 죽음의 시대라 일컫는
1980년대를 얍삽한 몸뚱이 하나로 통과해온 저에게도 그
날의 광경은 채 영글지 않고 돌봄을 받아야 하는 애송이
들의 퍼포먼스가 아니라 시인의 자유혼이었고 철학자의
합리적인 세상읽기로 해독되었습니다. 그러고 보니 생각
납니다. 인도의 시성詩聖 타고르였던가요?

> 일찍이 아시아의 황금기에
> 반짝이던 등불이던 코리아
> 그 등불 다시 켜지는 날
> 동방의 밝은 빛이 되리라

생뚱맞게 웬 타고르 타령이냐고요? 2008년 4월은 그
등불 다시 켜지는 날이었고 동방의 밝은 빛이 되는 순간이
었다는 것입니다. 더 정확히, '미친 소 너나 먹어라'를 외

치며 촛불을 들고 거리로 나와 민족의 자존심이 무엇인지와 사람답게 산다는 게 어떤 것인지를 토로하는 그들에게서 대한민국의 힘을 보았다는 말입니다. 아니, 그들은 현존하는 대한민국의 미래였습니다.

어쩌면 제도언론이 지껄인 대로 버르장머리 없고 당돌하기까지 한 그들이 마치 깊게 가라앉아 있던 침전물을 휘저어놓듯 저의 의식을 흔들어놓았습니다. 그전까지만 하더라도 이 시대의 이슈가 사라졌다는 혼자만의 생각을 빌미로 타협과 배려의 그럴듯한 명분을 앞세워 살아온 저였습니다. 시대를 거슬러 가는 연어가 되기보다 시대의 포로가 되어 살아가고 있었습니다. 곧, 출판인의 한 사람으로 자족하며 오지 않는 책 세상을 동경이나 하며 좋은 책 만들 기회만을 호시탐탐 엿보고 있었던 셈입니다. 시절은 하 수상하고 자고나면 핵폭탄이 터지는 듯한 세상이 되어버렸는데 말입니다. 대운하 강행으로, 특목고 활성화 정책으로, 학교 성적공개화로, 0교시 수업으로, 영어 몰입교육으로, 끝없이 쏟아져 나오는 뉴스에도 암시랑 않게 무감각해졌습니다.

뿐입니까? 문명의 발전이라는 이름으로 빚어진 지구온

난화, 대기오염, 천연자원 고갈 등의 환경문제는 어떻습니까? 신자유주의라는 괴물이 안방에까지 침입한 마당에 그저 MB정부가 밝힌 747 경제정책과 뉴타운의 도깨비 방망이를 신주단지 모시듯 한 대한민국의 평범한 아줌마였다는 게 솔직한 고백입니다. 바로 실천하는 데 인색했고 사유의 세계 또한 편리함에 길들여져 눈, 코, 입 닫은 뒷방지기로 살아왔습니다. 만약 그들이 그날 저를 흔들어 깨우지 않았다면 말입니다. 그날 그곳에서 희망을 보지 않았다면 말입니다.

함께 하고픈 강강술래

탈무드에 이런 얘기가 있습니다. 몸통이 하나이고 머리가 둘이면 그것은 한 사람일까요? 두 사람일까요? 답은 아주 간단합니다. 한쪽 머리에 고통을 주었을 때 다른 머리가 아프다고 비명을 지르면 한 사람인 것이고, 한쪽 머리가 고통을 당하는데 다른 한쪽이 아무런 고통을 느끼지 못하면 두 사람이라는 것입니다. 또한, 유대인들은 자신들이 고통을 겪을 때 반응을 보이면 유대인이고 반응을 보이지 않으면 이방인이라고 합니다. 그럼 10대들의 반란과 시대정신을 구경해온 우리는 누구인가? 온라인 커뮤니티 상에서만 아니라 발 딛고 살아가는 이 땅에서 네가 나이고 내가 너인 관계일 수는 없느냐 하는 물음이 저를 괴롭혔습니다.

딴에는 그네들의 강강술래에 동참하고 싶었다는 뜻입니다. 책을 만드는 사람은 항상 삶의 모든 게 책과 연결이 됩니다. 저 또한 마찬가지입니다. 그래서 우리의 아들딸에게 시대와의 통로를 자청하며 멋지고 신명난 강강술래 판을 꾸며보고자 안간힘을 썼습니다. 그래서 더 나은 삶이 무엇인지, 그리고 시대정신이 무엇인지를 알려주는 영혼의 중심추 역할을 할 메시지를 전해야겠다는 생각이 들었습니다. 다시 말해, 삶의 진정성이 무엇인지를 알려줄 수 있는 글을 모아 젊은이들의 삶의 몸부림을 격려하고 바르게 끌어가고 싶었습니다. 물론, 여기에 동참하실 분들 역시 젊은이 못지않은 자유혼의 소유자들이어야 했습니다.

책의 기획을 제공하신 분은 한학자이신 기세춘 선생님

이었습니다. 대운하 반대 국토순례를 함께했던 중·고등학생들과의 만남을 통해 선생님은 잊고 살았던 젊음과 한 인격체로서의 자각증세가 나타났다는 것입니다. 편 가르기와 세대 나누기라는 이분법적 사고가 아닌, 서로에 대한 비난과 내치기가 아닌, 사람이 함께 하는 소통의 자리를 가졌다는 말씀이었습니다. 선생님의 말씀을 듣던 자리에서 저는 '용기를 내자 사람들의 생각은 같다'는 울림에 기대어 곧바로 원고 청탁을 시작했습니다.

젊은 시절을 반추하는 글이든, 젊은이들에게 당부하고 싶은 글이든, 사랑을 담은 질책이든, 우리 대한민국의 미래인 청소년들에게 꼭 들려주고 싶은 글을 써달라고 강권했습니다. 물론 여러 어르신들의 글을 통해 우리의 아이들이 세상을 읽고 쓰되 더 넓고, 더 깊고, 더 높고, 더.참된 세계로 나아가기를 소망하는 일 또한 잊지 않았습니다. 한마디로 책의 기획은 나름대로 구경꾼 내지 방관자에서 참여자의 자세로 돌아서는 한 기성세대의 강강술래입니다.

원고를 청탁드리고 나자 반응은 의외로 빨랐습니다. 메일로, 그리고 서신을 통해 글을 부탁한 이틀 후부터 답글이 도착했습니다. 즉답을 해주신 김조년 선생님, 그리고 편지로 힘을 실어 답을 보내주신 김규동 선생님, 해외 출장을 앞둔 바쁜 상황에서도 격려를 잊지 않았던 이이화 선생님…… 차례로 답글이 도착했습니다. 사실 글을 써주신 열네 분의 선생님들 일정이 5~6월 중에는 얼마나 바빴는지 모릅니다. 나름대로 각자의 영역에서 발아체가 되시다 보니 잡문 하나 끄적거리기에도 틈이 없었을 것입니다. 덕분에 푸짐한 잔치상은 마련되었습니다. 그저 감사함뿐이었습니다.

무 소 의 뿔 처 럼 가 라 , 너 희 가 미 래 다

예서 저서 인문학의 위기가 회자되고 심지어 인문학은 날마다 이사철이라는 아픈 비명까지 들려오고 있습니다. 그리고 생각 없는 이들은 오늘의 젊은 세대를 향하여 명품 마니아, 혹은 자본주의의 천박성과 퇴폐성에 길들여진 자본의 꼭두각시라는 막말까지 서슴지 않습니다. 그러나 이 모든 진술은 짐짓 위악과 아이러니에 지나지 않았음이

2008년 4월 이후를 통해 밝혀졌습니다. 저는 손에 손에 촛불을 든 우리 아이들이 그저 기특하고 대견하기까지 합니다. 그리곤 거리로 나온 청소년들을 보면서 그 어수선했던 지난 시절의 저를 생각해보았습니다. 그 시절, 육체는 젊었으나 영혼은 황폐했으며 이상은 높았으나 현실은 한 치 앞도 내다볼 수 없는 캄캄 막장이었습니다. 그럼에도, 되돌아보면 그 젊은 시절이 그래도 황홀하고 아름답게 느껴지는 이유는 뭘까요? 아무래도 그때의 우리 젊은이들 역시 기성세대의 잘잘못을 통째로 바꿔낼 수는 없었으나 옳고 그름을 분별할 수 있었던 역사의식에 있지 않았나 생각됩니다. 그래서 의분을 참아내지 못해 울분을 토해냈고 조국의 아픈 현실에 맨몸으로 저항했다 싶습니다. 그러나 다른 무엇보다 그 시절에는 정신적으로 버팀목 역할을 해주시는 여러 어르신들이 계셨다는 사실만으로도 축복받았다는 생각이 들었습니다. 몇몇 분은 이미 우리와 운명을 달리 했으나 여기 계신 몇몇 분들은 지금도 사회의 어른으로서 우리에게 방향판이 되고 계십니다. 그때 오늘의 제가 그 시절의 미래였던 것처럼 오늘 우리의 미래는 2020년쯤 성인이 될 우리 아이들일 것입니다. 그들이 주역이 되어 이끌어나갈 대한민국 생각만으로도 황홀하지 않나요?

책은 세계와 만나는 창이며 통로입니다. 여기 산고의 진통 끝에 출생한 이 한 권의 책이 우리 모두를 진지하게 성찰하게 하고 우리의 시대성을 읽게 하며 역사적인 기록으로 남겨진다면 숨이 멎을 것 같은 그날의 충격 못지않은 감동은 순전히 독자 여러분의 몫이라 생각됩니다. 다만, 시대에 편승한 시기물이 되지 않기를 바라면서 기획의 말을 맺습니다.

촛불은 계속 타오르고 있습니다. 아니, 꺼진 적도 없습니다.

윤옥초

:: 차례

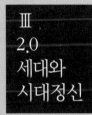

Ⅲ
2.0
세대와
시대정신

I
인문학
정신을
기대하며

강신주
기쁨, 사랑, 그리고 자유를 위하여

홍세화
청소년에게 말 걸기

김성동
이름 모를 소년에게

김조년
젊은 정신을 믿으며

기쁨, 사랑, 그리고
자유를 위하여

강신주 | 철학자

1

스피노자Baruch de Spinoza, 1632~1677라는 철학자를 알고 있습니까? 베르그송Henri Bergson, 1859~1941이란 프랑스 현대철학자가 말했던 적이 있지요. "모든 철학자는 두 가지의 철학을 가지고 있다. 자신의 철학과 스피노자의 철학을." 그만큼 스피노자는 중요한 철학자입니다. 그의

일러두기

본 글은 2008년 5월 28일에 있었던 작은 만남으로부터 시작되었습니다. 안개비가 내리던 날 저녁 저는 과천중앙고등학교에서 그곳 선생님들과 학생들을 만나 아이들의 초롱초롱한 눈빛을 보며 흥분했고 행복했습니다. 이날 저는 아이들에게 강의 초안을 배포하고 인문학의 정신, 즉 기쁨, 사랑, 자유에 대해 이야기했습니다. 원래 강의 초안의 제목은 「자유, 혹은 인

생각은 『윤리학Ethica』이라고 불리는 난해한 책에 응축되어 있습니다. 스피노자가 이 책을 통해 말하려는 모든 것은 '코나투스Conatus'라는 개념에 응축되어 있습니다. 그는 코나투스를 인간이 자신의 존재를 보존하려는 힘, 그러니까 '삶의 힘'이라고 이야기합니다. 스피노자의 표현을 빌리자면 우리가 살아 있다는 것이 우리에게 코나투스가 존재한다는 것이라면, 반대로 우리가 죽는다는 것은 이 코나투스가 사라진다는 것이지요. 그러나 불행하게도 인간은 자신의 힘으로 스스로를 보존할 수 없습니다. 모든 것을 자신의 힘만으로는 이룰 수 없는 유한자이기 때문이지요. 그래서 자신의 코나투스를 보존하기 위해서 우리는 다른 사람, 즉 타자와 관계를 맺을 수밖에 없습니다.

타자와 연결할 때 우리의 코나투스는 둘 중 하나의 경우에 속하게 됩니다. 코나투스가 증진되거나 아니면 감

문학적 정신이었던 것으로 기억됩니다. 강의가 끝나자 무수히 많은 질문들이 이어졌습니다. 질문하는 아이들의 눈빛은 대학 강의실에서는 결코 느끼지 못했던 치열함을 가지고 있었습니다. 너무 늦은 시간이라 아이들의 질문에 친절하게 대답하지 못했습니다. 그래서 저는 당돌하며 기발하기까지 했던 아이들의 질문을 반영하여 강의 초안을 다듬었습니다. 본 글은 아이들에 대한 저의 미안함을 표시한 것이기도 합니다. 그러나 이 글이 아이들에게 충분한

소될 수 있다는 것이지요. 스피노자는 코나투스의 증진과 감소라는 생각을 통해 새로운 윤리학을 제안합니다. 만일 코나투스가 증진된다면, 우리는 '기쁨'의 감정을 갖게 됩니다. 반면 감소된다면, 우리는 '슬픔'의 감정에 빠지게 되지요. 여러분들도 아마 경험해보았을 겁니다. 어떤 사람을 만났을 때, 즐겁고 유쾌한 감정이 발생해 피곤한지도 몰랐던 경험을 해보셨나요? 그와의 기쁜 만남이 끝나갈 때, 그것이 너무나 안타깝게 느껴지는 경험이지요. 이 경우 우리는 그와 다시 만날 그날만을 설레는 마음으로 기다리게 될 것입니다. 반면 이와는 완전히 다른 경험도 있지요. 어떤 사람을 만났을 때, 무겁고 갑갑한 감정에 사로잡힐 때도 있습니다. 이 경우 우리는 그와의 만남이 하루 속히 끝나기를 속으로 기대하기까지 하지요.

이제 스피노자가 우리에게 '코나투스의 윤리학'을 제

대답이 될지는 잘 모르겠습니다. 특강이 끝나고 나서, 저는 시 한 수를 받는 영광을 누렸습니다. 제 강의안을 보시고 어느 나이 지긋하신 국어선생님께서 써주신 것입니다. 그 선생님께 감사하다는 말을 다시 한 번 드리고 싶습니다. 시인이신 선생님을 포함해서 모든 과천중앙고등학교 선생님들! 항상 건강하시고 행복하게 아이들을 잘 가르쳐주시기를 바랍니다. 본 글의 제일 말미에 제가 받은 시를 남기도록 하겠습니다.

안하는 이유를 아시겠지요. 그의 가르침에 따르면 우리는 기쁨을 지향하고 슬픔을 피해야만 합니다. 스피노자의 코나투스 윤리학이 기쁨의 윤리학이라고 불리는 이유도 바로 여기에 있습니다. 여기서 잊지 말아야 할 것은 기쁨이나 슬픔도 모두 어떤 마주침으로부터만 가능하다는 점입니다. 기쁨도 슬픔도 모두 타자와의 우발적인 마주침으로 발생하는 것이니까요. 그래서 스피노자의 윤리학은 기쁨을 가져다주는 마주침을 지키고 슬픔을 낳는 마주침은 거부하려는 의지를 함축하고 있지요. 기쁨의 마주침을 지키기 위해서 우리에게 실천적 지혜가 필요하다면, 슬픔의 마주침에 맞서기 위해서 우리에게 단호한 용기는 불가피할 것입니다.

2

타자와 마주치기 전에 그 만남이 기쁨을 가져올지 아니면 슬픔을 가져올지 미리 결정할 수 없을까요? 여기서 여러분은 기쁨의 윤리학 이면에는 어떤 운명적인 비극이 도사리고 있다는 것을 직감하게 될 것입니다. 그것은 무엇일까요? 마주쳐서 나와 연결된 타자는 우리에게 기쁨을 주거나 아니면 슬픔을 주게 됩니다. 문제는 기쁨을 주는 경우, 다시 말해 타자와의 연결이 나의 코나투스를 증진시키는 경우에 발생합니다. 이럴 때 그 타자도 과연 그만의 코나투스가 증진되어 기쁨으로 충만하고 있을까요? 타자와의 만남을 통해 내가 기쁨을 얻었다고 할지라도, 이것이 타자도 나와 마찬가지로 기쁨에 충만하리라는 것을 전혀 보장하지는 못합니다. 나만 기쁘고 그는 슬플 수도 있기 때문이지요. 결국 그와 만나면 만날수록 나의 코나투스는 계속 증진되지만 그의 코나투스는 계속 위축될 수도 있다는 것이지요.

나의 기쁨이 커지면 커질수록 타자의 슬픔은 심화될 수도 있다는 것, 이것만큼 우리 삶의 비극성이 드러나는 경우도 없겠지요. 나는 더욱 기뻐지겠지만 타자의 슬픔이 계속 심화된다면 어떻게 될까요? 아이러니하게도 나의 기쁨도 얼마 지나지 않아서 슬픔으로 바뀌게 될 것입니다. 타자가 슬픔에 시들어 자신의 삶을 유지할 힘을 상실하게 되어, 마침내는 죽음에 이르게 될 것이기 때문입니다. 타자의 싸늘한 주검을 눈앞에 두고 나는 나의 기쁨을 위해 타자를 착취한 것을 뼈저리게 후회하게 될 것입니다. 시인

이성복李晟馥, 1952~ 이 타자와의 관계에 대해 다음과 같이 노래한 것도 바로 이런 이유에서일 것입니다.

당신이 내 곁에 계시면 나는 늘 불안합니다 나로 인해 당신 앞날이 어두워지는 까닭입니다 내 곁에서 당신이 멀어져가면 나의 앞날은 어두워집니다 나는 당신을 잡을 수도 놓을 수도 없습니다 언제나 당신이 떠나갈까 안절부절입니다 한껏 내가 힘들어하면 당신은 또 이렇게 말하지요 "당신은 팔도 다리도 없으니 내가 당신을 붙잡지요" 나는 당신이 떠나야 할 줄 알면서도 보내드릴 수가 없습니다

「앞날」, 『그 여름의 끝』 (문학과 지성사, 2000)

시인은 "당신을 잡을 수도 놓을 수도 없음"을 한숨 섞인 목소리로 토로합니다. 타자를 놓을 수 없음은 그 타자가 나에게 기쁨을 주기 때문입니다. 또 반대로 타자를 잡을 수가 없음은 그 타자가 나로 인해 슬픔에 빠질 수도 있기 때문입니다. 나의 기쁨이 타자의 슬픔이 되는 것을 막아야 합니다. 우리는 우리의 삶 자체가 타자의 삶에 폭

력이 되지 않도록 조심해야만 합니다. 그러기 위해서 우리는 타자에 대해 "잡을 수도 놓을 수도 없는" 초조하고 불편한 상태에 끈덕지게 버티고 서 있을 용기를 가져야만 합니다. 나의 기쁨을 위해서 타자를 슬픔에 빠뜨려서도 안 되고, 또 그 반대로 타자의 기쁨을 위해서 나 자신의 슬픔을 견뎌서도 안 되기 때문입니다. 그래서 스피노자가 제안한 기쁨의 윤리학은 나만의 기쁨이 아니라 우리 모두의 기쁨을 지향하는 것일 수밖에 없습니다. 바로이 지점에서 기쁨의 윤리학은 기쁨의 정치학으로 발전하게 됩니다.

3

우리는 마침내 기쁨의 정치학에 이르렀습니다. 여기서 자유라는 개념이 어떤 의미를 가지는지 분명해집니다. 나의 기쁨을 타자가 억압하지 않도록 하고 동시에 타자의 기쁨을 내가 억압하지 않도록 하는 것이 아니라면, 자유란 어떤 의미가 있을까요? 사랑을 예로 들어볼까요. 내가 어떤 사람을 사랑한다고 해보죠. 내가 그 사람을 사랑하게 된 것은 외적인 강요나 의무감 때문은 아닙니다. 오히려 나의 사랑은 그를 사랑할 수 있는 자유와 그와 함께 했을 때 생기는 기쁨에 의해 가능했던 것이지요. 그럼에도 불구하고 내가 사랑하는 그 사람이 불행히도 나를 사랑하지 않을 수도 있습니다. 이 경우 아마 여러분의 마음에는 그 사람이 억지로라도 나를 사랑하도록 만들고 싶은 욕망이 끓어오르게 될 것입니다. 그러나 그 사람이 자유나 기쁨에서가 아니라 강요와 슬픔 속에서 자신을 사랑하게 된다면, 여러분에게 진정한 기쁨이 찾아오겠습니까? 아마 여러분이 그 사람에게 진정으로 바라는 것은 다른 데 있을 것입니다. 분명 여러분도 그 사람이 자유와 기쁨으로부터 자신을 사랑해주기를 바랄 것이기 때문입니다.

누군가 자신의 자유를 침해하려고 할 때, 우리는 목숨을 걸고 저항해야만 합니다. 또 내 안에서 누군가의 자유를 제거하려는 욕망이 꿈틀거릴 때, 우리는 그 욕망을 단호하게 거부할 수 있어야만 합니다. 우리는 누구로부터 지배당해서도 안 되고 누구를 지배하려고 해서도 안 됩니다. 바로 이것이 자유의 정신입니다. 이런 정신을 가지고 있을 때에만 우리는 타자와 연결하여 기쁨을 향유할 수도 있고, 아니면 타자와의 연결을 끊음으로써 슬픔을 피할 수 있는 힘을 얻게 됩니다. 기쁨과 자유, 이것이야말로 철학, 문학, 역사를 포함한 모든 인문학의 궁극적인 꿈입니다. 역사상 위대한 철학자나 시인들은 모두 인간의 자유를 억압하여 기쁨을 박탈하려는 시도에 대해 단호하게 저항했습니다. 그들은 바로 이 자유와 기쁨의 정신을 가지고 있었기 때문이지요.

지금 자유와 기쁨에 대한 교활한 억압이 도처에서 자행되고 있습니다. 가족이나 민족 혹은 국가를 위해서 개인의 기쁨을 희생해야 한다는 전체주의적 주장이나, 문명의 발전은 경쟁을 통해서 가능했다는 신자유주의적 논리가 시끄러운 소음을 내고 있습니다. 자! 이제 시인이 되십시오. 그러면 여러분은 억압을 느끼고 그것을 표현하며, 억압될 수 없는 인간의 자유, 기쁨, 그리고 사랑을 시로써 노래하게 될 것입니다. 아니면 철학자가 되십시오. 그러면 여러분은 합리적 논리로 억압을 정당화하는 이데올로기를 해체하고, 그것이 은폐하려고 했던 자유와 기쁨의 정치학을 전개하게 될 것입니다. 인문학, 그것은 기쁨을 지향하는

자유인의 힘, 혹은 코나투스를 증진시키려는 우리 삶의 힘
에 다름 아니기 때문입니다.

4

자본주의는 신자유주의Neo-liberalism라는 새로운 모습
으로 우리에게 등장한 지 오래입니다. 물론 신자유주의는
화려한 모양과는 달리 돈을 가진 사람의 자유를 절대적으
로 보장하겠다는 이념이지요. 어쨌든 자본주의에서 자유
라는 말은 돈을 가진 사람에게만 허용되는 것이기 때문이
니까요. 그래서 그런지 돈을 가지지 못한 자들을 지켜왔
던 모든 공적인 안전망은 자유의 적으로 간주되어 철폐되
고 있는 실정입니다. 마치 동물원의 철망 문을 모두 열어
버린 꼴과 같다고나 할까요? 이제 사자와 같은 맹수와 토
끼와 같은 순한 동물이 동일한 공간에 살아가게 된 셈입
니다. 아! 무섭지 않습니까? 신자유주의의 자유라는 것이
말이지요. 사자에게는 토끼를 잡아먹을 수 있는 자유가
부여되고, 동시에 토끼에게도 잡아먹히지 않고 도망 다닐
수 있는 자유가 허용된 것입니다.

우리는 토끼가 자유를 얻었다고 기뻐해야 할까요? 그러기에는 토끼의 자유는 비극적인 것 아닙니까? 그럼에도 불구하고 신자유주의는 토끼에게 강한 생존의 힘을 주고 있다고 자신의 힘을 자랑하고 다니고 있습니다. 그래서 신자유주의의 이면에는 '무한경쟁'이라는 단어가 항상 쫓아다니나 봅니다. 먹히지 않으려면 강해져야 한다는 것이지요. 만약 먹힌다면 그것은 자신의 탓이라는 말도 바로 덧붙여집니다. 인간은 이제 동물이 되어버린 것입니다. 약육강식弱肉强食! '약한 자가 강한 자의 먹이가 되는 세계'는 야만의 세계나 정글의 세계이지, 문명의 세계는 아닙니다. 스스로 인간이기 위해서 인간은 '약육강식'으로부터 벗어나야 합니다. 약자를 돕고 강자를 억제하지 않는다면, 우리는 인간임을 포기한 것이니까요.

이제 역설적이게도 신자유주의 이전의 자본주의가 그립기만 합니다. 그때는 최소한의 돈만 있어도 당당함과 자신감을 가질 수 있었기 때문이지요. 그러나 이제 돈은 단순한 자유의 문제가 아니라 생존의 문제로 심화되고 있습니다. 돈이 없다면 우리는 죽을 것만 같습니다. 사실 이런

식으로 죽어가고 있는 것이 우리의 실정 아닌가요? OECD 가입국 중에서 자살률 1위를 달리고 있는 나라가 바로 우리나라니까요. 이제 돈이 아니라면, 우리의 삶을 보호해줄 그 무엇도 없는 것처럼 보입니다. 매스컴에서 금융광고가 기승을 부리는 것도 다 이유가 있었던 셈입니다.

이제 자신의 삶은 자기가 보호해야만 합니다. 물론 그러기 위해서 우리는 자신의 삶을 보호할 수 있는 돈을 확보해야만 하지요. 이렇게 정글의 세계는 조금씩 다가와 우리의 목을 죄고 있습니다.

5

암흑의 시절이 현실화되고 있는 이 순간에도 대학의 강의실에서는 여전히 강의가 이루어지고 있습니다. 마치 아무것도 변한 것이 없는 것처럼. 신기한 일입니다.

어느 날 수업이 끝날 무렵 학생 한 명이 수업에 들어왔습니다. 그 학생은 애처로운 얼굴로 내게 다가옵니다. 출석부에 지각으로 처리해주시면 안 되냐는 절박한 목소리가 이어집니다. 출석, 나아가 학점은 대학생들에게 정글의 세계에서 살아남기 위한 유일한 보호막이 되어 버렸지요. 그래서 그런지 학생의 부탁은 자신의 생명을 걸고 던지는 절절함이 묻어 있었습니다. 어느 사이엔가 무한경쟁의 논리가 대학에 이미 자리를 잡고 있었던 것이지요.

돈을 많이 벌기 위해서, 결국 신자유주의하에서 생존하기 위해 대학에 들어온 젊은이들. 하나밖에 없는 자신의 소중한 삶을 성찰하기보다는 생존이란 목적에 매몰되어 지쳐가는 대학생들. 경쟁에 지쳐서 돈보다 더 소중한 가치들을 망각하고 있는 나의 후배들. 대학도서관에는 바이런George Byron, 1788~1824과 이성복의 시집, 나가르주나Nāgārjuna, 150?~250?와 스피노자의 철학책, 그리고 카프카Franz Kafka, 1883~1924와 이상李箱, 1910~1937의 소설이 사라진 지 오래입니다. 그들이 잠시 자리를 비운 책상에는 영어수험서나 아니면 고시시험 교재들만이 날을 세운 채 놓여 있으니까요. 이렇게 오늘도 우리 풋풋한 대학생들의 삶은 조금씩 지쳐가고 병들어가고 있습니다. 아! 이 젊은 영혼들에게 녹색의 삶을 되찾아줄 수는 없을까요? 제가 오늘도 시인의 자유로운 정신을 노래하고, 철학자의 지혜를 풀어주며, 위대한 소설가들의 고뇌를 들려주는 것도 이런 이유에서입니다. 그러나 갈수록 저의 열변은 공허한 메아리가 되어 돌아오기만 합니다.

저의 절망이 점점 깊어만 갈 때, 저에게 여명과 같은 희망이 찾아왔습니다. 그건 광화문 네거리를 화려하게 장식했던 무수히 많은 촛불들, 그리고 그 촛불에 붉게 물든 아이들의 얼굴들이었습니다. 자신들에게 가해지는 경쟁 교육을 '미친 교육'이라고 외치는 아이들. 신자유주의의 상징이라고 할 수 있는 미국 소 수입에 대해 '미친 소'라고 거부하는 아이들. 자신의 성근 생각과 감정을 부끄러운 듯이 그러나 단호하게 표현하는 아이들.

아! 그곳에서 저는 미래의 희망을 보았습니다. 대학생 선배들의 회색빛 얼굴 너머에 우리 아이들의 초록빛 눈동자가 있었던 것입니다. 우리 아이들의 당당함, 자유정신, 그리고 더불어 살아가겠다는 단호한 의지가 수많은 촛불들보다 더 화려하게 불타오르고 있었습니다. 행복에 젖어들 때, 저의 뇌리에는 기쁨, 자유, 사랑을 이야기했던 많은 철학자와 시인들이 다시 방문했습니다.

6

『네 고통은 나뭇잎 하나 푸르게 하지 못한다』에서 이성
복 시인은 사람이 기본적으로 생리에 반하는 방식 즉 우리
가 가진 동물성에 반하는 방식에서 그 의미를 가진다고 역
설하고 있습니다.

입으로 먹고 항문으로 배설하는 것은 생리이며,

결코 인간적이라 할 수 없다.

그에 반해 사랑은 항문으로 먹고 입으로 배설하는

방식에 숙달되는 것이다.

그것을 일방적인 구호나 쇼맨쉽으로 오해하는 짐승들!

『네 고통은 나뭇잎 하나 푸르게 하지 못한다』(문학동네, 2001) 중에서

많은 사람들은 사랑이란 나의 자연스런 본능이 표출된
것이라고 이야기합니다. 한마디로 사랑이란 생리적이라는
것이지요. 그러나 이것은 동물의 사랑이지, 인간의 사랑은
아닙니다. 인간의 사랑은 생리를 거스를 때에만 그 빛을
발하는 법입니다. 추운 날 사랑하는 사람을 위해 웃옷을
벗어주기, 앓아누운 사랑하는 사람 곁에서 잠을 쫓으며 밤

을 지새우기, 사랑하는 사람을 위해 자신의 가장 소중한 목숨마저 선물로 내어주기. 인간의 사랑은 어느 것 하나 생리에 반하지 않는 것은 없습니다.

자유도 또한 그렇지 않습니까? 사자의 자유는 동물의 자유이지, 인간의 자유는 아닙니다. 가장 강하기 때문에 약자에 대해 모든 것을 할 수 있다는 것, 이것이 바로 동물의 자유입니다. 반면 인간의 자유는 이성복 시인의 말처럼 "항문으로 먹고 입으로 배설하는" 방식에서만 그 고유함을 드러내는 법입니다. 비록 자신이 약하다고 할지라도, 인간은 강한 자의 부당한 요구에 대해 당당하게 맞설 수 있습니다. 이것이 인간의 자유이지요. 비록 자신이 강하다고 할지라도, 인간은 약한 자를 지배하려고 하지 않습니다. 이것도 또한 인간의 자유입니다. 누구의 지배도 받지 않고 나아가 누구도 지배하려고 하지 않는 정신이 아니라면, 인간에게는 자유정신이란 존재할 수 없다고 할 수 있지요.

자신의 삶을 긍정하기 위해서, 그리고 삶의 기쁨을 옹호하기 위해서, 나아가 우리의 삶을 최종적으로 우울하게 만드는 모든 사회적인 것들과 싸우기 위해서, 우리는 항문으로 먹고 입으로 배설하는 방식, 즉 인문학적 방식에 익숙해야만 합니다. 사랑과 자유, 그 어느 것도 우리의 동물적 본능에서는 자랄 수 없는 법이니까요. 아니 정확히 말하면 동물적 본능, 즉 생리로부터 멀리 떨어져 있을수록 우리의 사랑과 자유는 아름답게 꽃을 피우게 되지요. 자신의 자유를 지키기 위해서 전차 앞에 서 있는 청년의 두려움 속에서, 무장 경찰 앞에 촛불을 들고 있는 어린 소녀의 공포스런 얼굴 속에서, 타인을 독점하려는 욕구를 억누르면서 그의 안색을 살피는 어느 연인의 머뭇거림 속에서, 우리의 인문학적 정신은 가녀린 싹을 틔우고 있는 것입니다.

7

생리를 거슬러야 한다는 이성복 시인의 지적은 어느 힘 없는 시인의 절규에만 그치지는 않습니다. 그의 말은 인문학 정신의 핵심을 건드리고 있기 때문입니다. 국가와 자본주의는 분명 "입으로 먹고 항문으로 배설하는" 방식, 즉 우리의 생리에 맞는 것처럼 보입니다. 안전하고 따뜻하고 근사하며 편안한 의식주를 제공하는 것처럼 보이니까요. 그러나 그 이면을 둘러본 적이 있나요? 그 속에는 인간의 자유와 연대보다는 경쟁과 분열을 유발하려는 사회적 분위기, 닦아줄 사람을 기다리고 있는 가난한 이웃들의 눈물, 돌이킬 수 없이 자행되는 환경의 파괴 등이 잠복해 있습니다. 이제 우리는 자본주의, 국가, 그리고 그 속에서 이루어지고 있는 우리의 삶을 진지하게 성찰해보아야 합니다. 분명 장밋빛 전망만은 아닐 것입니다. 마치 병원에서 냉정한 진단서를 받아든 것처럼 당혹스럽기까지 할 것이니까요. 그러나 치료는 처절한 진단으로부터 출발할 수 있는 법입니다.

보조국사 지눌知訥, 1158~1210이 "땅에서 넘어진 자는 땅에서 일어나야만 한다"고 이야기했던 것도 이런 이유에서일 것입니다. 지금은 땅에서 넘어져 있으면서도 자신이 넘어져 있는지를 모르고 있는 시대입니다. 오히려 넘어져 있는 주제에 애써 서려고 노력하는 소수의 사람들을 불가능한 일을 한다고 조롱하곤 하지요. 너무 오래 넘어져 있으면 우리는 서는 방법과 서서 살아가는 방법을 망각하게 됩니다. 잠시 서자마자 현기증이 느껴질 것이고, 우리는 자신이 일어났던 그곳에 다시 누울지도 모릅니다. 이렇게 우리는 자꾸 약해지고 근육은 퇴화해갔던 것이지요. 서 있는 것, 그것도 두 다리를 버티고 자신의 삶과 자유, 그 리고 사랑을 지켜내려는 의지는 얼마나 순리에 거스르는 것인가요? 그것은 이성복 시인의 말처럼 항문으로 먹고 입으로 배설하는 방식이니까 말이지요.

오늘 광화문에서 촛불을 들고 있는 우리 아이들의 행 동은 무모한 것이며 생리에 반하는 것입니다. 그래서 가 녀린 촛불은 금방이라도 꺼질 듯이 요동치고 있나 봅니 다. 그러나 그만큼 우리 아이들은 암울한 우리 사회에서 가장 인간적이고, 그래서 가장 인문학적인 존재들입니 다. 그들은 약한 자를 지배하려고 하지도 않으며, 또한 강한 자에게 굴복하지도 않습니다. 그들은 우리에게 친 구들과 함께 하는 연대의 즐거움과 사랑을 향기롭게 전 해주고 있습니다. 사랑스러운 우리 아이들에게 스피노자 가 『에티카』를 마무리하면서 했던 문장을 들려주고 싶습 니다.

"모든 고귀한 것은 힘들 뿐만 아니라 드물다Sed omnia praeclara tam difficilia, quam rara sunt."

여러분들은 지금 쉽고 드물지 않는 길을 버리고 있습니다. 그러나 삶은 인간적인 품위를 유지하면서 살기 어려운 법이지요. 그럴 때마다 여러분은 오늘을 기억하시기 바랍니다. 경쟁과 야만의 길로부터 단호하게 벗어나려고 했던 의지와 행동, 그리고 그 기쁨과 사랑의 연대를!

강신주

· 연세대학교에서 「장자철학에서의 소통의 논리」로 박사학위를 받았다. 현재 연세대, 경희대 등에서 학생들을 가르치고 있으며, 출판기획사 문사철의 기획위원으로 있다. 동양철학과 관련된 다양한 저술을 통해 동양철학의 가능성을 새롭게 부각시키는 작업을 수행하고 있으며, 나아가 철학을 대중화하는 데 힘을 쏟고 있다. 주요 저서로는 『장자 : 타자와의 소통과 주체의 변형』, 『노자 : 국가의 발견과 제국의 형이상학』, 『장자의 철학 : 꿈, 깨어남 그리고 삶』, 『장자와 노자 : 도에 딴지걸기』, 『공자와 맹자 : 유학의 변신은 무죄』, 『철학, 삶을 만나다』, 『중국철학 이야기 1』, 『장자, 차이를 횡단하는 즐거운 모험』 등이 있다.

인문학의 르네상스를 꿈꾸며

윤형돈(과천중앙고등학교 교사)

얍샵한 실용주의가 판치는 세상에

도도한 사상의 심저心底에 흐르는

인문 정신을 생각한다.

내가 오늘 너를 만난 것

맹목적인 습관의 길을 가다

아날로그 향수에 젖기 위해 나는 가끔

야생화 자연학습장까지 걸어가기도 한다.

식물과 이름을 동일시하며

자아정체감을 생각한다.

인문학은 뭐냐

얽매인 틀에서 자유혼에 이르는 길,

자유라는 이름의 살뜰한 구속이냐?

비오는 아침 난간 밑에 내려다보니

인도보다는 차도가 더 넓은 표시구나

요즈음 인도주의 문사철이 위기라면

인문학은 날마다 이사 철이다.

그러니 씨 말리는 고사枯死는 없다.

변두리 교실 한 구석엔

자투리 시간에도 틈을 내

호밀밭의 파수꾼이나 판타지,

죽은 시인의 사회를 읽으며

인문학의 싹을 틔우는 애들이 많다.

내밀한 기쁨의 샘을 마시고 저절로 소통하는

저 아이들이 희망이다.

청소년에게 말 걸기

홍세화 | 언론인

동시대를 사는 선배의 한 사람으로서 후배에게 말을 겁니다. 선배, 후배라는 말에 놀라지 마세요. 내가 말하는 선배나 후배는 같은 학교, 같은 지역 출신을 말하는 게 아닙니다. 다만 먼저 태어나 한국사회를 많이 산 선배와 나중에 태어나 한국사회를 아직 조금 산 후배라는 뜻일 뿐입니다.

'인생의 산'이라는 표현이 있다면, 나는 먼저 태어난 사람으로서 마지막 산을 내려오는 중이라고 할 수 있고 여러분은 첫 산을 오르는 중이라고 할 수 있습니다. 청소년은 '산 너머 또 다른 산'을 넘어야 합니다. 산을 내려올 때는 전경이 잘 보이지만 산을 오를 때는 잘 보이지 않습니다.

그러나 미지의 세계가 앞에 놓여있다는 것은 청소년들만이 가지는 특권입니다. 나에겐 이제 산을 내려오면서 지금까지 살아온 삶을 돌아보며 정리하는 일만 남았습니다. 청소년이 '하루하루를 살아간다'면 나는 '하루하루를 죽어갑니다.' 물론 '하루하루를 살아간다'는 말과 '하루하루를 죽어간다'는 말은 하루 24시간을 보낸다는 점에서는 똑같습니다.

내가 '하루하루를 살아간다'고 말하는 대신 '하루하루를 죽어간다'고 말하는 것은 나에게 남은 시간이 많지 않고 그래서 더욱 소중하다는 생각을 담아 말하는 것이기도 합니다. 아무튼 하루하루를 죽어가는 선배가 하루하루를 살아가는 청소년에게 말을 겁니다. 말을 건다기보다는 물음을 던진다는 게 더 정확할 것 같습니다.

생 각 하 는 동 물

데카르트René Descartes, 1596~1650의 "나는 생각한다, 고로 존재한다"라는 명제는 잘 알려져 있습니다. 그의 말을 모르더라도 사람이 '생각하는 동물'임을 모르는 이는 없습니다. 그런데 '지금 내가 생각하는 바'들이 어떻게 내 안에 들어왔는지 묻는 사람은 많지 않습니다. 칸트Immanuel Kant, 1724~1804는 "사람은 생각하는 동물이긴 하지만, 생각하는 바에 관해 자유롭지 못하다"고 했습니다.

사실 '내가 지금 갖고 있는 의식세계', 다시 말해, '내가 지금 생각하는 바'들은 내가 태어날 땐 분명 없던 것입니다. 각자 사회 안에서 살아가면서 차차 갖게 된 것입니다. 그리고 각자는 '지금 생각하는 바'에 따라 살아갑니다. 덧없이 바쁜 현대인의 일상을 "생각대로 살지 않고 사는 대로 생각한다"고 말하기도 하지만, 그럼에도 각자 지금 생각하는 바가 각자의 삶에 나침반으로 작용하는 것은 부정할 수 없습니다. 따라서 내 삶의 지향을 규정하는 '나의 의식세계'가 어떻게 내 안에 형성되는지 묻는 것은 대단히 중요한 질문이 됩니다. 더구나 스피노자가 강조했듯이 사람은 이미 형성한 의식을 고집하는 경향이 있습니다. 모든 사람이 지금 갖고 있는 생각을 고집하고 쉽게 포기하지 않습니다.

아리스토텔레스Aristoteles, BC 384~322의 말처럼 '사람이 이성을 가진 동물'이라면 이성을 가진 동물답게 '합리적 동물'이어야 하지만 실제는 '합리화하는 동물'에 가깝습니다. 머리가 좋은 사람일수록 그 좋은 머리를 기존의 생각을 수정해나가기보다는 기존의 생각을 계속 고집하려고 그것을 합리화하는 도구로 활용합니다. 사람이 좀처럼 변하지 않는 것은 이 때문입니다. 지금 생각하는 바를 지속적으로 합리화하면서 고집하기 때문에 사람의 살아가는 방식이 변하지 않는 것입니다. 남들의 사는 모습이 변하지 않는다면 나 또한 세상 살아가는 모습이 변하지 않는다는 것을 뜻합니다. 그렇다면 더욱 물어야겠지요. "내가 지금 갖고 있는 생각은 어떻게 내 것이 되었을까?"라고요. 내 삶의 지향을 규정하는 '내가 생각하는 바'들이 어떤 경로로 내 안에 들어왔는지 묻지 않은 채 지금 갖고 있다는 이유만으로 그 생각을 고집하며 살아간다면 자칫 내 삶을 그르칠 위험이 따르는 것입니다.

몸 의 주 체 와 의 식 의 주 체

　우리 몸은 건강하지 않을 때 통증을 느끼거나 열이 오르는 등 자각증세를 보입니다. 사실 이 자각증세는 우리에게 은총입니다. 만약 건강하지 않은데 자각증세가 없으면 건강하지 않은 상태를 그대로 놔두게 되고 몸을 그르치게 됩니다. 가령 암이 고질병인 이유는 죽음에 이르게 하는 치명적인 병인데도 자각증세가 너무 늦게 찾아온다는 점에 있습니다. 그래서 우리는 암 조기검진을 하도록 종용받습니다.

　이처럼 몸은 건강하지 않을 때 대부분의 경우 자각증세를 보여 건강하지 않다는 사실을 스스로 알게 해주지만 우리 생각은 그렇지 않습니다. 너무 늦어서 탈이지만 그래도 종내는 자각증세를 보이는 암과 달리, 그릇된 생각, 내 삶을 그르칠 수 있는 생각은 그것을 버리게 하지 않고 그것을 고집하게 합니다. 생각의 성질이 그와 같습니다. 그러면 다시금 물어봐야겠지요. 지금 내가 생각하는 바의 세계, 즉 의식세계는 어떻게 내 것이 되고 있을까? 이 질문을 놓고 내 안에 들어오는 '음식물'과 '생각'의 차이를 살펴보면 쉽게 이해할 수 있습니다.

내 몸의 건강을 위해 음식물을 내 안에 집어넣는 사람은 나 자신입니다. 나 말고는 내가 어렸을 때의 부모님뿐입니다. 다시 말해, 내가 어렸을 때 잠시 나를 낳고 길러주신 부모님이 내 입 안에 음식을 선택하여 집어넣었을 뿐, 나 말고는 아무도 내 허락 없이 내 입 안에 음식물을 집어넣을 수 없습니다. 부모님은 내 몸에 좋거나 좋게 판단되는 것은 내 입 안에 집어넣고 나쁘거나 나쁘다고 판단되는 것은 집어넣지 않았습니다. 나 또한 내 몸에 좋거나 좋다고 판단되는 음식물만을 내 입 안에 넣습니다. 이처럼 내 입 안에 넣는 음식물을 선택하는 사람은 나와 내가 어렸을 때 부모님 말고는 없습니다.

이에 반해, '생각'은 그렇지 않습니다. 내가 자라는 동안 내 허락을 받지 않은 채 내 안에 꾸역꾸역 들어왔습니다. 지금도 들어오고 있습니다. 나에게 다가온 생각이 내 삶을 위해 좋은 것인지 나쁜 것인지 판단하지 못한 채 내 안에 스며들어오는 것입니다. 내 안에 음식물을 집어넣은 주체는 나와 나를 위하는 부모뿐이지만, 나에게 생각을 집어넣은 주체는 나와 내 부모만이 아닙니다. 나와 내 부모,

교사가 포함된, 또 이들 모두 그 영향에서 자유로울 수 없는 '사회'라는 것입니다.

따라서 궁극적으로 내 안에 생각을 집어넣는 사회를 비판적으로 바라보는 안목을 갖춰 나가면서 기존의 생각을 끊임없이 수정하여 주체성을 확장하지 않으면 자기 삶의 진정한 주인이 되기 어렵습니다. 가령 카를 마르크스Karl Marx, 1818~1883가 '독일 이데올로기'에서 강조한 "한 사회를 지배하는 이념은 지배계급의 이념이다"라는 명제를 되돌아본다면 내가 고집하는 내 생각은 자칫 지배계급이 갖도록 요구한 것에 지나지 않을 수 있습니다. 말하자면, 내가 갖고 있는 의식이어서 그것을 고집하며 살지만 그것을 형성한(형성케 한) 주체는 내가 아니라 지배계급일 수 있다는 것입니다. 제도교육과 미디어에 대한 비판적 성찰과 분석이 요구되는 까닭이 바로 여기에 있으며 사회를 비판적으로 볼 줄 아는 눈이 필요한 까닭이 여기에 있습니다. 이러한 문제의식은 필연적으로 책으로 나아가게 할 것입니다.

공부는 많이 하지만 ……

우리 청소년들은 공부를 참 많이 합니다. 잠도 제대로 못 자고 그저 공부만 합니다. 친구도 사귀지 못하고 자연도 벗하지 못하고 날이면 날마다 그저 공부만 합니다. 그래서 공부 시간만 따지면 세계 으뜸입니다. 그러나 책은 읽지 않습니다. 아니, 공부하느라 책 읽을 시간이 없습니다. 집에서나 학교에서나 소설책이든 교양서든 책을 읽을라치면 바로 "공부 안 하고 뭐 하냐?"라는 지청구를 들어야 합니다. 세계에서 가장 많이 공부하면서도 책은 안 읽거나 못 읽는 것, 이게 우리 학생들의 일상입니다.

한 학생이 어느 과목의 어느 시험영역에서 80점을 받았습니다. 학부모의 반응은 무엇인가요? "80점 받았으니 잘했구나"인가요? 아니라는 것을 누구나 알고 있습니다. 조건반사적으로 이런 물음이 튀어나옵니다. "그래서 그게 몇 등이냐?" 누구나 다 알고 있는 이 사실이 우리 청소년들이 세계에서 가장 많은 시간 공부하면서도 책 읽을 시간이 없는 이율배반을 설명합니다.

가령 유럽의 청소년들은 80점을 받으면 그 시험 영역에서 벗어나 다른 일을 합니다. 대학이 서열화되어 있지 않기 때문에 등수나 등급을 주지 않고 오직 합격·불합격의 구분만 하기 때문입니다. 학생들을 평가할 때 상대평가를 하지 않고 절대평가만 하는 것이지요. 합격·불합격 구분에서 80점은 아주 거뜬히 합격하는 점수이므로 그 점수를 받은 학생은 그 시험 영역에 머물러 있을 이유가 없습니다. 그래서 여행을 하고 토론하고 연애하고 자연과 사귀고 책을 읽습니다. 우리 학생들은 80점이 아니라 90점, 99점, 심지어 100점을 받아도 그 시험 영역을 붙들고 있어야 합니다. 왜 그런가요? 유럽 학생들과 달리 90점, 100점을 받아도 끝까지 해방될 수 없기 때문입니다. 오로지 1등을 해야 하고 그 1등을 끝까지 지켜야 하기 때문입니다. 모든 학생이 모든 과목의 시험 영역에서 벗어날 수 없는 것이지요. 그저 공부하고 또 공부할 뿐, 책 읽을 시간조차 없이. 그런데 도대체 무얼 공부하나요?

본디 인문사회과학은 정답이 없는 학문입니다. 정밀과학인 수학이나 자연과학과 다른 점이지요. 가령 "사형제는 폐지되어야 하는가?"라는 질문에 "그렇다. 폐지되어야한다"도 정답이 아니고 "아니다, 유지되어야 한다"도 정답이 아닙니다. 다만 서로 다른 견해가 있을 뿐이며 그 견해가 나름의 논거를 갖고 있는지가 중요할 따름이지요. 국어, 사회, 경제, 역사, 지리 등의 인문사회과학 분야의 공부에 암기가 아닌 다양한 독서와 토론이 받쳐주어야 하는 이유입니다. 그런데 이처럼 정답이 없는 과목도 학생에게 1등부터 꼴등까지 등수를 매겨야 하기 때문에 실제에 있어서는 정답이 있는 학문으로 변질시키거나 축소시켰습니다. 그래서 학생들에게 제시되는 문제는 암기 능력을 묻는 단답형 물음이나 사지선다가 고작이지요. 우리 학생들은 "사형제는 폐지되어야 하는가?"라는 물음에 자신의 견해와 그 견해를 뒷받침하는 논거를 갖도록 요구받는 대신에 다만 이런 질문에 익숙합니다.

다음 나라들 중에서 실질적으로 사형제가 폐지된 나라는?
1) 미국   2) 중국   3) 일본   4) 한국

한마디로, 우리 교육은 사회문화적 소양을 갖춘 전인적 인간을 형성하는 게 아니라 '문제풀이와 암기의 기계'가 될 것을 요구하는 것입니다. 세계에서 가장 많이 공부하면서도 인간과 사회에 대해서는 무지한 경제동물이 양산되는 배경입니다.

"사람은 사회적 동물이다." 누구나 알고 있는 말입니다. 그렇다면, 나 또한 사람이므로 사람에 관해 알아야 나 자신을 알 수 있습니다. 사람에 관한 학문, 바로 인문학입니다. 또 사회적 동물이기에 사회에 대해서도 알아야 합니다. 사회에 관한 학문, 곧 사회과학입니다. 사람과 사회에 대해 아는 만큼 사회 안에서 주체적 자아로 살아갈 수 있습니다. 그러나 우리의 제도교육은 사람과 사회에 관해 풍요로우면서도 정교한 생각을 갖도록 가르치지 않습니다. 오로지 문제풀이와 객관적 사실에 대한 암기만 요구합니다. 비유컨대, 영어를 가르치지 않고 영어 단어만 암기하라고 요구하는 꼴입니다. 영어 단어를 아무리 잘 외워도 영어를 잘 말하지 못합니다. 사람과 사회에 관한 학문, 인문사회과학도 마찬가지입니다. 그럼에도 왜 암기만 요구하는 데 머물까요? 이유는 학생들에게 등수를 매겨야 하기 때문입니다. 그 때문에 세계에서 가장 많은 시간 공부하면서도 책 읽을 시간이 없는 것입니다. '문제풀이와 암기의 기계'가 되려고, 대학 가거나 안 가거나 거의 잊어버리는 것을 위해 책 읽을 시간도 없이 꿈같은 시간들을 온통 저당 잡히고 있습니다.

책은 '세계와 만나는 창'입니다. 우리가 가볼 수 없는 모든 세계에 다가갈 수 있게 해주는 게 책입니다. 현미경으로 들여다볼 수 없는 인간의 내면세계도 볼 수 있게 해주는 게 책입니다. 책과 끊임없이 벗할 때 전인적 인간이 될 수 있고 주체적 자아로 살아갈 수 있습니다.

미 디 어 와   나

오늘 현대인들은 미디어의 홍수 속에서 살고 있습니다. 각종 미디어는 연일 수많은 정보를 쏟아냅니다. 미디어의 확산이 대중민주주의의 확장에 기여한 것은 사실이지만 부정적인 영향도 만만치 않습니다. 미디어가 없던 옛날과 비교해 달라진 일 중의 하나는 무식한 사람, 더 정확히 말해 스스로 무식하다고 인정하는 사람이 사라졌다는 점입니다. 여기에는 제도교육이 보편화된 탓도 있지만 미디어의 역할이 중요하게 작용합니다. 미디어가 토해내는 정보와 진정한 앎 사이의 차이를 인식하기 어렵기 때문입니다.

미디어가 확산되지 않았던 옛 시절에 책을 읽지 않은 사람은 정보를 얻을 기회가 달리 없었으므로 사람들의 의식세계가 비어 있었고 따라서 스스로 무식하다는 점에 대해서만큼은 유식했습니다. 그래서 지적 헛헛함과 함께 불편함을 느꼈습니다. 우리가 "나는 무식해. 나는 아무 것도 몰라"라고 말할 줄 알았던 선대의 할머니나 할아버지를 떠올리면 알 수 있듯이 그분들은 주로 삶의 경험에서 '알게 된 것' 또는 생각을 고집했습니다.

이러한 옛날 사람들과 달리, 오늘날엔 책을 읽지 않아도 미디어가 토해내는 정보들로 자신의 의식세계를 꽉 채우기 때문에 스스로 무식하다는 점에 대해서도 무식한 사람을 양산하고 있습니다. 지금은 "나는 무식해, 난 아무 것도 몰라"라고 말하는 사람을 찾기 어렵지요. 충분히 알고 있다고 믿기 때문에 더 알고 싶은 헛헛함도 사라졌고 불편하지도 않습니다. 다만 미디어가 토해내는 정보의 홍수로 채워진 의식세계를 자기 것인 양 착각하고 그것을 고집하며 살아갑니다. 자신의 삶을 규정하는 의식세계임에도 형성 주체를 미디어에게 내준 것입니다.

현대인들이 자신의 의식세계를 형성하는 주체의 지위를 미디어에 내주었다면 우리는 당연히 미디어의 주체가 누구인지 물어야 할 것입니다. 과연 미디어의 주체는 누구일까요? 자본이 절대적인 자리를 차지하고 있음을 확인하는 데에는 많은 연구가 필요하지 않습니다. 효율과 경쟁이 강조되는 오늘날 모든 게 대형화, 첨단기술화, 집중화되고 있습니다. 더욱이 거대자본이 아니면 미디어의 주체가 될 수 없는 게 오늘의 흐름이기도 합니다. 사회구성원은 미디어의 주체가 되기 어렵고 대상으로만 남기 쉽습니다.

미디어에 의식 형성 주체의 자리를 내주었는데 미디어의 주체가 자본이라면 자본이 내 의식 형성의 주체라는 결론에 이릅니다. 그렇다면 내 의식이 최대 이윤의 추구를 목적으로 하는 자본의 요구에 충실하도록 형성되는 것은 당연한 귀결입니다. 우리는 의식세계뿐만 아니라 욕망체계까지 자본의 요구에 따라 구성되고 관리되고 통제됨으로써 근대의 시민적 주체는 해체되고 자본의 명령에 자발적으로 복종하는 '고독한 군중'으로, '조건반사적 경제동물'로 남게 됩니다.

소 유 냐 , 존 재 냐

에리히 프롬 Erich Fromm, 1900~1980이라는 학자는 '소유냐, 존재냐'라는 화두를 제기했습니다. 오늘 우리 사회는 '존재'에 대한 질문보다 '소유'에 대한 질문에 지배되고 있습니다. 나는 텔레비전 광고를 보고 무척 놀랐습니다. '당신의 능력을 보여주세요.', '대한민국 1퍼센트의 힘', '당신이 사는 곳이 당신이 누구인지 말해줍니다.' 이런 말들은 사람의 능력과 가치를 오직 소비 능력, 지불 능력으로 평가합니다. '당신의 능력', 그 능력은 곧 지불 능력입니다. 이렇게 사회구성원들의 관심은 온통 '물질적 소유'에 있습니다. 보여줄 수 있는 것, 물질에만 가치가 부여되고, 보일 수 없는 것, 사람됨이라든지 지성이라든지 인성이라든지 하는 것들은 보여줄 수 없기 때문에 무가치한 것이 되고 있습니다. '보여주세요'라는 말은 타자지향, 즉 남에게 잘 보이는 데에 가치를 둔다는 뜻입니다. 내면지향이 아닌 타자지향입니다. 내면적 가치를 풍요롭게 하기 위한 모색이 사라지고 있는 사회의 모습입니다.

'대한민국 1퍼센트의 힘', 그 1퍼센트는 무엇을 기준으로 한 것일까요? 99퍼센트는 왜 '1퍼센트' 주장에 분노하지 않는 걸까요? 선망할 뿐, 사회적 분노나 비판적 안목을 잃어버린 것입니다.

흔히 한국사회를, '20 대 80의 사회'라고 말합니다. 소득이 많은 상위 20퍼센트가 80퍼센트의 부와 소득을 차지하고 있다는 말입니다. 80퍼센트나 되는 사람이 나머지 20퍼센트의 부를 갖고 아등바등 살아갑니다. 사회구성원의 절대 다수가 미래에 대해 불안을 느끼며 살아가는 이런 현실 속에서 많은 사람들이 '20 대 80'의 불평등을 비판하지만 실제로 우리 가치관에는 어떻게 하면 '20'에 낄 수 있을까 하는 선망이 있을 뿐입니다. 선망에 갇혀 우리 의식은 '20 대 80 사회' 정도가 아니라 '1 대 99의 사회'도 용납하고 있는지 모릅니다. 그렇지 않다면, 왜 '대한민국 1퍼센트의 힘' 따위에 위화감이나 분노를 느끼지 않고, 비판의식을 갖지 못할까요? 심지어 '당신이 사는 곳이 당신이 누구인지 말해줍니다'라는 말이 소통되기까지 합니다. 사람이 물질을 평가하는 게 아니라 물질에 의해 사람이 평가됩니다. 가치관이 뒤집힌 것이지요. '이웃에 대한 상상력'이 조금이라도 있다면, 그래서 쪽방촌에 사는 가난한 사람들을 떠올리면서 이 말을 적용해보면 어떨까요? "당신이 사는 곳이 당신이 누구인지 말해줍니다." 우리는 선망과 소유욕에 빠져서 인간성이 훼손되고 있는 것조차 알아차리지 못하고 있습니다.

파리의 개선문 근처에 '루이뷔통' 가게가 있습니다. 몇 년 전의 일입니다만 동양 사람에게는 두 개 이상 팔지 않았습니다. 한국, 일본, 홍콩 사람이 많이 사 가서 좋긴 하지만 이미지 관리상 좋지 않기 때문이라고 했습니다. 서양 사람들에게는 몇 개씩 팔아도 상관없는데 동양 사람들은 많이 사 가는 빈도가 너무 높아 그렇게 팔지 않겠다는 겁니다. 그래서 파리 유학생들에게 특별한 아르바이트가 생겼습니다. '루이뷔통' 가방을 대신 사주는 아르바이트입니다. 대신 사주고 10퍼센트를 구전으로 받았습니다. 귀국한 뒤 어느 날 지하철을 탔습니다. 앞자리에 일곱 사람이 앉아 있는데 그중 세 명이 루이뷔통 가방을 들고 있었습니다. 아무리 '루이뷔통'이란 명품을 선호한다 해도 이 정도인가, 한국 사람들은 돈이 많구나 하고 생각했습니다. 아직 '짝퉁'이란 말을 알기 전의 일이었지요. 이런 모습을 만날 때, 인문학적 기초, 사회문화적 소양이 조금이라도 있다면 이런 물음을 던질 줄 알아야 합니다. 과연 "무엇이 무엇을 소유하는가? 누가 누구를 소유하는가? 과연 사람이 '루이뷔통'을 소유하는가?"라고요. 거꾸로 '루이뷔통'이 사람을 소유하고 있는 게 아닐까요?

맺음말

사람이 참된 행복과 보람을 느낀다면, 그것은 어떻게 가능할까요? 오랫동안 철학자들과 사회 사상가들이 매달린 질문입니다. 그들이 내놓은 답은 '자아를 실현'할 때입니다. 자아를 실현한다는 것이 무엇일까요? 사회적 동물인 사람은 자기가 속한 사회에서 자기를 실현할 때 참된 행복과 보람을 느낍니다. 한편, 사회구성원이 '자아를 실현하는 것'을 자본주의 사회는 쉽게 용납하지 않습니다. 그러면 자기 증식을 해야 하는 자본이 설자리를 잃기 때문입니다. 오늘날과 같이 효율과 경쟁을 가장 강력한 구호로 내세우는 신자유주의 아래에서는 더욱 그렇습니다. 자본주의사회는 물질 소유에 대한 추종, 인간의 탐욕을 중대한 가치로 만들면서, 자아를 실현하는 것보다 '기름진 생존'이 삶의 목적이라고 끊임없이 설득하고 강요합니다. 실제로, 수많은 사람들이 자아실현대신 기름진 생존이 삶의 목적인 양 살아가고 있습니다. 꿈과 열정을 가져야 하는 청소년들마저 자본주의 심성의 포로가 되어 자아실현이란 의미조차 상실한 듯합니다. 그러나 누구에게나 한번밖에 오지 않는 소중한 삶, 그 삶을 아름답고 참되게 가꾸려는 자기성숙의 끊임없는 모색과 그것을 통한 자아실현, 이보다 더 중요한 것은 없지 않을까요?

홍세화

• 1970년대 후반 '민주투위' '남민전' 조직에 가담했으며, 1979년 3월 무역회사 해외지사 근무차 유럽으로 갔다가 '남민전' 사건이 터져 귀국하지 못하고 파리에 정착했다. 이후 관광안내, 택시운전 등 여러 직업에 종사하면서 망명생활 중 1995년 자전적 고백인 『나는 빠리의 택시운전사』를 발간했다. 2002년 귀국해 현재 《한겨레》 기획위원, '학벌 없는 사회' 공동대표, 마포 '민중의 집' 공동대표로 있다. 저서로는 『나는 빠리의 택시운전사』, 『쎄느강은 좌우를 나누고 한강은 남북을 가른다』, 『악역을 맡은 자의 슬픔』, 『빨간 신호등』 등이 있다.

내가 남을 사랑하는 것은 곧 나 자신을 사랑하는 것이며, 내가 남을 미워하는 것은 곧 나 자신을 미워하는 것이라는 이 가르침이야말로 나날살이 그 마당에서 우리가 똑바로 지켜내지 않으면 안 되는 사람들의 실천윤리가 되는 것입니다.

윤리라는 말이 고리타분하게 느껴진다면 강령이라고 해도 좋습니다. 실천강령.

이름 모를 소년에게

김성동 | 소설가

보내준 글월 잘 받아 읽었습니다. 대학노트 다섯 장 앞 뒤에 빽빽하게 박혀 있는 속뜻인즉 – 한마디로 줄여 말해서 인생이라는 오묘부사의한 괴물에 대한 깊은 회의와 절망, 그리고 그 회의와 절망으로부터 비롯되는 방황 바로 그것이어서, 하마 두 갑째 궐련을 다 태우고 할 수 없이 꽁초까지 펴서 입에 물었습니다만 – 언뜻 답장을 쓸 엄두가 나지 않았습니다. 명색이 소설이라는 것을 써서 밥을 먹어오기 비롯한 지 어언 서른 해가 넘는 중생으로서 소설이라면 어떻게 어지간히 꾸며볼 수도 있겠으나, 이것이 어디 소설가지고 될 골칫거리겠습니까.

너무도 눈썹에 불붙은 텃자리 물음이기에 차라리 잊어버리고만 싶은, 그러나 아무리 온몸을 흔들어 떨쳐버리고자 하여도 떨쳐지지 않아 아프고 괴로운 물음. 그렇습니다. 글월을 보내온 소년만 끌어안고 있는 골칫거리가 아니라 이 누리에 살아 숨 쉬고 있는 이 누리 사람 모두 골칫거리이기도 한 물음이겠지요. 소년이 고개를 갸웃하는 것은, 맴돌아 두 가지 명제로 간추려지는 것 같습니다.

"왜 사는가?", 그리고 "참말로 어떻게 살아야 할 것인가?"

글월을 받고나서 이 중생은 솔직히 글월을 안 받은 것으로 새겨두려 하였고 되도록 잊어버리려고도 하였습니다. 그러나 아무리 잠 못 이루는 밤을 밝히며 애태워봐도 풀리지 않는 골칫거리를 놓고 괴로워하고 있을 어린 넋 모습이 자꾸만 눈에 밟히는 것이었고, 한 번도 본 적이 없는 소년 모습은 그대로 마흔 몇 해 전 이 중생 모습으로 바뀌어지는 것이어서, 무거운 마음으로 끝내 붓을 들고야 말았습니다. 그렇다고 해서 이 중생이 그대가 온몸으로 끌어안은 채 몸부림치고 있는, 벼랑 끝으로 밀어붙이고 있는 명제 또는 물음에 틀림없는 대답을 해줄 수 있기 때문은 아예 아닙니다. 이 중생 또한 소년과 똑같이 괴로워하고 있을 뿐입니다. 괴로워하면서 그렇게 늙고 병들어 죽어가고 있을 뿐입니다. 지극히 예사로운 중생 가운데 하나일 뿐이라는 말이지요.

"왜 사는가?", 그리고 "참말로 어떻게 살아야 할 것인가?", "어떻게 사는 삶이 가장 아름답고 훌륭한 삶일 수 있는가?", "어찌했든 살아가야 하는 것이라면 나는 참말로 이 세상을 살아 견딜 만한 쓸모와 뜻이 있는 것인가?"

이 글을 쓰고 있는 동안에도 이 중생은 몇 번이고 스스로에게 물어보는데, 그때마다 갈빗대가 뒤틀리는 것 같은 세찬 복받침을 맛보고는 합니다. 그것은 이 중생이 여태도 이 세상에 살아 숨 쉬고 있다는 뚜렷한 삶 다짐이며, 뚜렷한 삶 다짐임으로 해서 이 중생 삶은 이제껏보다 한 발짝이라도 더 이루어짐 쪽으로 나아가고 있는 것이라고 굳게 믿고 있기 때문입니다.

그렇습니다. 사람이라고 하는 하늘 밑 벌레한테는 본바탕에서부터 옹글게 이뤄내고자 하는 '완성의지'가 있는 것이며, 불가 문자를 빌린다면 깨달음을 얻어 부처를 이루고자 하는 '성불의지'가 있는 것입니다. 본바탕자리에서 세계는 어두움이며, 한 치 앞도 보이지 않는 캄캄한 어두움이기 때문에 미완성인 것입니다. 곧, 사람은 마치 조형예술가 앞에 놓여진 나무나 돌 또는 흙처럼 그 예술가 손에 따라서 조형되어지기를 기다리는 거푸집으로서, 그것을 주무르는 사람 손재주 따라 아름다운 예술품도 될 수 있고 더러운 쓰레기도 될 수 있는.

이 중생 이야기를 할까요. 이제부터 마흔 세 해 전, 그러니까 이제 소년 나이쯤이었을 때 이 중생은 산으로 올라갔습니다. '인생문제'를 풀어내보겠다는 야무진 속종_{마음속}에 품은 소견에서였지요. 아직 소년 몸이었던 만큼 그때 입산入山이 뚜렷한 이성理性에 바탕한 결단이었다고는 할 수 없겠습니다. 거기에는 역사와 시대한테서 무겁고 무섭게 내리누름 당한 개인 슬픔이 있습니다. 그렇다고 해서 사춘기 소년 감상이거나 신분적 조건으로부터 도망치는 것만은 아니었던 것이, 고등학교 3학년 자퇴는 스스로 결단에 의해서였고, 무엇보다도 이 중생은 홀어머니 외아들이었기 때문입니다.

첫새벽 이슬방울 헤치며 산길을 톺아오르던 날 사람들

은 웃었고, 어머니는 우셨으며, 이 중생은 이를 꼭 옥물었습니다. 골칫거리를 풀어내기 전에는 아예 산을 내려오지 않을 다짐이었습니다. 풀다가 못 풀면 그곳에서 결가부좌로 쓰러지겠다는 마음가짐이었습니다. 한마디로 줄여 말해서 부처를 이루겠다는 것이었는데, 부처를 이루고 나면 맨 먼저 내 슬픈 어머니를 제도濟度하고, 가엾은 내 이웃들을 제도하고, 내 아버지의 서럽고 원통한 중음신中陰身을 천도薦度하고, 그리고 나아가서는 이 사바세계에 꽉 차 있는 일체 중생들을 제도하고 천도하겠다는 속종에서였습니다.

그리하여 부딪치게 된 첫째 문턱이 내 골칫거리였습니다. 내가 있으므로 말미암아 세계가 있고, 내가 깨침을 얻음으로 말미암아 세계 또한 깨침을 얻으며, 마침내는 내가 이루어짐이 곧 세계가 이루어짐이 된다는 불교 세계관을 빌려오지 않더라도, 다른 사람들을 제도하기 위해서는 우선 나 자신부터 제도하여야 된다는 것은 만고불변의 진리일 터이지요. 사람무리 발자취가 비롯된 다음부터 뛰어난 얼들이 인생문제를 놓고 피나게 몸부림친 끝에 마침내 그 해답을 얻어낸 것이 성인들 가르침인 것일진대, 찾기는 제대로 찾은 것이었습니다.

그런데 허방 짚은 것이었습니다. 한 십여 년 몸부림치던 끝에 산을 내려오고 말았으니까요. 그러나 그것은 훌륭한 허방 짚음이었습니다. 비록 허방 치기는 하였을망정 그 허방 친 까닭을 또렷하게 알아냈으니 말입니다. 다시 말하자면 허방 짚은 까닭을 또렷하게 알아낸 곳으로부터 하산은 이루어졌고, 바로 그곳에서부터 이 중생의 입산은 다시 비롯되었다는 이야기입니다.

이 중생은 밑절미사물의 기초가 되는 본바탕부터 잘못 생각하고 있었던 것이었습니다. 화두話頭를 깨쳐 부처를 이룬 사람은 이 지상地上을 떠나 저 천상天上 어느 곳으로 올라가는 줄 알았던 것입니다. 거듭하자면 이제 우리가 울고, 웃고, 사랑하고, 미워하고, 성내면서 싸우는 이 '더러운 땅'을 떠나 저 온널판우주 테안 어느 곳에 있다는 '깨끗한 땅'으로 가서 세세생생世世生生을 두고 꽃처럼 아름답게 살 수 있는 것이라고 믿었다는 말입니다.

여기에 본바탕 잘못이 있었습니다. 불교라는 것을 역사와 사회 얼개나 됨새로부터 떼어내 지극히 개인적이며 초역사, 초사회적인 것으로 받아들였던 것입니다. 커다란 잘

못이었지요. 불교는 죽어도 초역사적인 것이 아니며 어떤 경우에도 사람은 역사 또는 사회 틀거지나 됨새로부터 떨어져 저 혼자서 살아갈 수가 없습니다. 살아가지지가 않습니다. 우리가 살아 있다는 것, 다시 말해서 우리가 밥을 먹고, 걸러내기 하고, 숨을 쉰다는 것은 바로 나와 똑같거나 비슷한 조건을 가진 남들과 한 덩어리 운명으로서 서로 입김을 주고받으며 살아가게끔 이어져 있다는 것을 뜻합니다. 이것이 있으므로 저것이 있고 저것이 있으므로 이것이 있으니, 이것이 사라지면 저것이 사라지고 저것이 사라지면 이것 또한 사라진다는 연기緣起법칙이지요.

그러므로 내가 남을 사랑하는 것은 곧 나 자신을 사랑하는 것이며, 내가 남을 미워하는 것은 곧 나 자신을 미워하는 것이라는 이 가르침이야말로 나날살이 그 마당에서 우리가 똑바로 지켜내지 않으면 안 되는 사람들의 실천윤리가 되는 것입니다. 윤리라는 말이 고리타분하게 느껴진다면 강령이라고 해도 좋습니다. 실천강령.

깨침을 얻어서 극락으로 가거나 천당으로 가는 것이 아닙니다. 깨치고 나서도 또한 여기 이 땅에서 삽니다. 우리가 이제 살고 있는 이 땅은 참으로 더러운 땅임에 틀림없지만, 이 더럽고 냄새나는 땅을 여의고서는 그 어느 곳에서도 깨끗한 땅을 찾을 비탕이 없다는 옛 성현 말씀이야말로 참으로 한 치 어긋남도 없는 만고불변의 진리일 것입니다. 더불어 함께 깨닫자는 이야기입니다. 그것이 더욱 훌륭한 깨달음이라는 이야기입니다. 그렇습니다. 깨달음을 얻어 부처를 이루기는 참으로 어렵습니다. 그러나 더욱 어려운 것은 중생 몸을 여의지 않고 부처를 이루는 일입니다.

이 중생은 시방 불교를 이야기하고 있는 것이 아닙니다. 특정한 종교 가르침을 이야기하고 있는 것은 더구나 아닙니다. 사람을 이야기하고 있는 것입니다. 낱낱 그 마당에서 이루어져야 할 삶 골칫거리, 소년 괴로움이며 이 중생 괴로움이기도 한, '사람은 왜 살며, 그리고 참말로 어떻게 살아야 할 것인가' 하는 본바탕 명제를 놓고 함께 괴로워해보자는 것입니다.

이제 우리가 살고 있는 이 땅은 밑바탕에서 예토穢土이며, 이제 우리가 살고 있는 이 시대는 밑바탕에서 잘못된 시대인 것이라고 이 중생은 굳게 믿고 있습니다. 이 땅이 정토淨土이고 이 시대가 훌륭하게 이루어진 시대인 것이라면 참으로 종교 또는 성현 가르침이 왜 쓸모 있으며 문학을 머리로 한 예술이 무슨 쓸모 있는 것이겠는지요. 더럽고 잘못되었기 때문에 아름답고 오롯해서 훌륭한 것으로 만들자는 바람, 또는 슬픈 바람에서 종교가 비롯되었고 문학을 머리로 한 예술이 쓸모 있는 것 아닐는지요. 문학 또는 종교가 그 본바탕에서부터 비판이며, 그것도 빈틈없는 현실비판이어야 할 까닭이 참으로 여기에 있는 것이라고 이 중생은 또 굳게 믿고 있습니다. 참나[眞我]를 이루어냄으로써 세계를 이루어낼 수 있다고 보는 불교적 명제가 참으로 진리인 것이라면, 그 진리를 미좇아 가는 원둥치인 나야말로 이 세계의 주인공이어야 할 까닭 또한 참으로 여기에 있을 터이지요.

부처가 무엇인가요. 자유인입니다. 중생이 지니고 있는 모든 흠집들을 원둥치 힘만으로 이겨냄으로써 아무것에도 걸림 없이 푸른 하늘을 훨훨 날아다닐 수 있는 대자유인.

무릇 사람무리 발자취가 비롯되면서부터 사람무리한테 가장 큰 꿈인 대자유인이 되기 위해서 우리는 첫째 현실을 이루어진 것으로 보지 않고 눈에 보이는 현상現象을 실상實相으로 보지 않는 부정否定 정신을 쓸모 있어 합니다. 이제보다 더 나은 세계로 나아가기 위하여 이제 것을 끊임없이 부정해나가는 진보와 혁명 정신이야말로 우리를 자유롭게 하여주는 가장 빠른 지름길이 됩니다.

이것은 흘되게 이제 것을 부숴버림으로써 현실을 무질서한 헝클어짐 속으로 빠뜨리게 하자는 것이 아니라, 부정을 통하여 긍정에 이를 수 있고 그것을 다시 또 부정함으로써 더 큰 긍정에 이를 수 있고 또 이를 수 있는 길을 마련하자는 불교적 변증법의 현실 적용을 말합니다. 파괴가 없는 곳에 건설은 있을 수가 없으며 죽지 않고 다시 태어날 수는 아예 없을 터입니다.

문학 또한 마찬가지입니다. 현실을 이루어진 것으로 보지 않고, 아직 이루어지지 않았기에 보다 나은 세계로 나아갈 수 있다는 굳은 꿈으로부터 떠나는 것이 바로 문학이라고 여겨도 크게 잘못은 없을 것입니다. 따라서 어떤 경우에도 문학이 날카로운 현실비판이어야 할 마땅함이 여기에 있으며, 문학이 올바른 현실비판이기 위해서는 무엇보다도 먼저 똑바른 현실인식이 앞서야 할 것입니다.

나는 왜 살고 있으며, 그리고 과연 어떻게 살아야 할 것인가 하는 애초 명제는 맴돌아 동전 안팎이 됩니다. 여기에 문학과 종교가 하나됨이 있을 터이지요. 거듭 말하지만 종교든 문학이든 맴돌아 속속들이 이제 여기에서 파고들어 이루어내야 한다는 이야기입니다.

종요로운매우 중요한 것은 사람이고 사람 삶일 것입니다. 속속들이 살아서 움직이는 삶을 위한 문학, 삶을 위한 종교가 되지 않는다면 그러한 종교와 문학은 아무런 값어치와 뜻이 없다는 생각입니다. 여기가 이 중생 문학이 처음 떠난 곳이며, 헛다리를 짚었다고 생각되는 깨달음의 저 언덕을 향한 새로운 떠남 자리이기도 하지요.

한때, 그러니까 더 위 없이 커다란 깨침을 얻은 사람은 이 지상을 떠나 저 천상 어느 곳에서 꽃처럼 아름답게 사는 것이라고 굳게 믿고 있던 한동안 이 중생은 문학이라면 무언가 아득하지만 아름답고 깨끗한 것으로만 알고 있었습니다. 문학이란 물론 이 세상 온갖 아름답고 깨끗한 값어치와 속뜻을 찾아내어 세상 천지에 두루 알리는 일일 터이기도 하지요. 그러나 아름답고 깨끗하다는 것은 무엇인가요? 아름답고 깨끗하다는 것은 저 혼자서 아름답고 깨끗할 수 있는 절대개념이 아니라, 이것이 있음으로 해서 저것이 있고 저것이 있음으로 해서 이것 또한 있을 수 있다는 상대개념

일 뿐입니다. 더러움이 있음으로 해서 깨끗함이 있고, 아름다움이 있으므로 해서 지저분함이 있는 것입니다. 그렇다면 더럽고 지저분한 저잣거리 모습 또는 세계 참모습이야말로 우리가 침 뱉고 고개 돌려야 할 악惡이 아니라 온몸으로 부둥켜 끌어안고 뒹굴어야 마땅할 선善일 수도 있다는 거꿀생각이 이루어질 수 있습니다. 무릇 모든 예술과 종교는 그 밑뿌리에서부터 이미 현실참여일 수밖에 없는 것입니다. 그렇습니다. 진흙 속에서 피어나는 연꽃만이 아름다운 것이 아니라, 그 아름다운 연꽃을 피워내는 진흙의 더러움까지를 우리는 사랑해야만 하는 것입니다.

글월을 보면 소년 또한 종교만이 아니라 문학 가운데서도 시詩에 많은 마음을 기울이고 있는 것 같은데, 같은 이야기가 됩니다. 종요로운 것은 홑되게 이 세상 아름다운 자연현상이나 개인적인 기쁨과 슬픔, 그리고 노여움을 읊는 것이 시가 아니라는 것입니다. 아름다운 자연현상이나 개인적인 느낌을 노래하지 말자는 이야기가 아니라, 자연현상이나 개인적 느낌들이 어떤 역사적이고 사회적인 조건 아래서 아름다워졌으며 내 기쁨이나 슬픔과 노여움은 또 어떤 조건 아래서 기쁨을 느끼고 슬픔을 느끼게 되는가

하는, 곧 상대적인 이음고리 속에서 살펴보자는 말이지요. 이런 뜻에서 시는 사물과 현상 고갱이중심이 되는 부분를 곧바로 찔러 들어가는 직관直觀이 아니라 차분하고 빈틈없이 따져보는 것이며 꼬집어 밝혀내는 것이어야 한다고 이 중생은 믿습니다. 그렇다고 해서 높은 목청으로 죽은 개념어 또는 딱딱하게 굳은 사회과학이나 자연과학 용어들을 외치자는 말이 아닙니다. 사물과 현상 속에 들어 있는 참모습 또는 그 본디 자리를 똑바르게 바라보자는 말이지요. 이른바 '시눈[詩眼]'을 말합니다. '득안得眼'이지요. 무엇보다도 먼저 눈을 얻어야만 되는 것입니다.

이 세상 모든 사람들은 본디부터 시심詩心을 갖고 있음으로 해서 마침내 사람일 수 있는 것이라고 옛사람들은 말한 바 있는데, 시심이라는 것은 무엇인가요. 저마다 풀이가 다르겠으나 한마디로 사람이 사람답게 살고 싶다는 밑뿌리 당길마음욕심을 말하는 것이라고 이 중생은 생각하고 있습니다.

사람이 홑되게 먹고 자고 걸러내기만 하는 숨탄것숨을 받은 것 동물이 아니라는 점에서 이른바 만물의 영장인 것일진대, 나날살이에서 일어나는 사람 삶의 모든 짓둥이행동는 시심 곧 시적인 생각과 시적인 결단을 가지고 살아가지 않고서는 아예 오직 한 발짝도 앞으로 나아갈 수가 없을 터입니다. 나아가지지가 않습니다. 시라는 것은 그리하여 홀되게 개인적 재주를 가지고 글자를 놀려 개인적인 느낌을 읊어대는 것이 아니라, 사람과 사람이 이 세상을 살아가면서 부딪치게 되는 모든 이음고리에서 모순과 부조리를 찾아내어 꼬집고 비틀어 뛰어넘음으로써 사람들 삶을 한 발짝이라도 앞으로 나아가게 하여야만 되는 것이지요. 시는 거룩한 것입니다. '말씀[言]으로 지은 절[寺]'을 가리켜 비로소 '시詩'라고 부릅니다.

맴돌아 같은 이야기입니다. 어떻게 살아야 할 것인가에 대한 흔들림 없는 가리킴표가 섰을 때, 왜 사는가 하는 물음에 대한 대답 또한 스스로 뚜렷해질 것이라는. 골칫거리를 던진 사람이 저 자신이라면 그 골칫거리를 풀어내야 할 사람 또한 저 자신이어야 할 것입니다.

그러나 여태껏 물음은 남습니다. 숨이 끊어지는 그 순간까지 끌어안고 뒹굴어야 할 물음이.

"왜 사는가?", "그리고 참말로 어떻게 살아야 할 것인가?"

덧붙이는 말

사람무리가 이루어온 문명 고갱이는 불입니다. 어둠을 물리치고 추위를 막아보자는 꿈 열매로 맺어지게 된 것이 불이지요. 불을 찾아내게 되면서부터 사람무리 발자취는 늘품발전에 늘품을 거듭해왔습니다. 이른바 문명발전이 그 것인데, 문명발전이 정말로 좋은 것일까요? 문명발전이 사람무리 살림살이를 자꾸자꾸 더 걱정 없고 즐거워서 흐 못하게 만들어온 것은 틀림없지만, 얼을 가지고 있어 이른 바 만물의 영장이라는 사람들 삶에 어떠한 도움을 주었는 가요.

미침이 있으면 되미침이 있고 늘품이 있으면 줄품이 있 으며 삶이 있으면 죽음이 있다는 것은 만고불변의 진리입 니다. 앞으로 세계는 사람과 컴퓨터 사이에 마주겨루고 맞 버티며 옥신각신 투그리던 끝에 마침내는 전쟁 꼴로 나타 나게 되겠지요. 산업혁명이 일어나면서 일자리를 잃게 된 영국 노동자들이 방직기계를 부숴버렸듯이 컴퓨터한테 일 자리는 물론이고 머릿골 쓰일 곳마저 빼앗기게 된 사람들 이 컴퓨터를 때려 부수는 일이 일어날 것입니다. '항컴동

맹' 같은 동아리들이 생겨날 것입니다. 그렇게 되면 컴퓨터를 딱지놓고 앙버티며 맞싸우는 사람들만 골라내어 그 힘을 뺏어버리거나 도려내버리는 또 다른 컴퓨터가 나올 것이고, 그리고 그 다음에 올 움직임에 대해서는 헤아려보기가 어렵지요. 아마도 문명 밑바탕 틀거리근거가 바뀌게 될 것이라는 점만은 알 수 있겠습니다. 불을 찾아내면서부터 끝없이 앞만 보고 달려온, 이제까지 사람무리가 살아온 발자취와는 바이전혀 다른 세상이 될 것입니다.

끝없이 생산수단을 고쳐나가면서 생산력을 더욱 키워온 것이 사람무리 발자취였습니다. 이런 뜻에서 이미 지나간 발자취가 되어버린 자본주의와 공산주의 사이 마주겨룸은 뜻이 없었다는 생각입니다. 어떻게 하면 생산력을 높일 수 있을 것인가 하는 꾀, 곧 생산력 돋우기 힘바탕을 개인에게 두느냐 집단에게 두느냐 하는 다름을 가지고 싸웠을 뿐이지 본바탕에서는 똑같았다는 말입니다. 똑같은 화두를 들고 애면글면하는 수좌首座인데 해인사 선방에 있든 범어사 선방에 앉아 있든 무슨 다름이 있겠는지요. 좀 더 손쉽고 걱정 없이 즐거우며 그리고 또 흐뭇하게 살기 위하여 끝없이 당길마음을 채우기 위하여 달려온 게 사람무리 발자취였던 것입니다.

먹물 든 말로 해서 사람무리 자취는 진보역사인데, 그
진보의지가 회두리판마지막 판에 올라섰다는 말입니다. 새로
운 세기가 오면 멋진 신세계가 될 것이라고 그렇게들 떠들
고 아우성치더니만, 온 것은 전쟁밖에 없습니다. 이른바
'9·11 테러'라고 말하는 '바벨탑 사태'와 '아프가니스탄
참극'과 '이라크 참극'은 그 조그마한 낌새에 지나지 않습
니다. '민나 도로보데스みんなどろぼうです'라는 왜말이 다
시 저잣거리 퍼짐말이 되고 있습니다. '모두가 도둑놈'이
라는 뜻이지요. 정치인도 도둑놈이고 대표적 먹물이라는
대학 교수도 도둑놈이며 이른바 예술가라는 물건들도 죄
도둑놈이라고 귓속말로가 아니라 '마이크'에 대고 외쳐댑
니다.

한뉘한평생를 두고 피땀 흘려 일해봐도 눈만 뜨면 다락같
이 치솟기만 하는 전세방, 사글셋방 벗어날 길 없는 근로인
민들이 헤아릴 수 없는데, 서른 살 남짓한 예술대학 시간강
사가 1년에 십억씩 번다는 세상입니다. 뿐인가요. 이십대
새파란 젊은이가 썩고 병든 정치장사꾼이며 공다리(직권을
남용해 백성을 못견디게 구는 관원 따위를 이르는 말-편집자 주)

들과 손잡고 수천억을 거머쥐는 세상이고요. 권세자루 잡은 자와 가진 자들은 이른바 따논자리를 지켜내고 나아가서는 대를 물려 이어가기 위하여 갖은 나쁜 짓을 다하는데, 억눌리고 돌림쟁이 된 풀잎사람들은 쇳소리 나는 목청으로 아우성을 칩니다. 뿐인가요. 오존층이 구멍 나서 이대로 가면 사람무리 거의 모두가 피부암에 걸려 죽을 것이라고 합니다. 공기가 더럽혀져 하늘에는 뭉게구름이 일어나지 않고, 땅은 썩어 그 밑을 흐르는 땅속 물이 한번 더럽혀지면 다시는 되살아날 수 없는 오염 첫 층층대를 넘어서고 있으며, 바다 속 물고기 가운데 암에 걸려 있지 않은 것은 '스쿠알렌'이라는 하늘이 주신 항암체를 가지고 있는 상어 말고는 없습니다.

사람 중심으로 즐겁고 흐뭇한 삶을 위하여 자연생태계를 무차별로 학대, 약탈, 파괴해온 끝에 이제는 거꾸로 자연생태계한테서 무차별로 앙갚음을 당하고 있습니다. 스스로 짓고 스스로 받는 인과응보 업보일 뿐이지요. 어떻게 할 것인가? 돈이 모든 것의 주인이므로 모든 것을 아퀴^{일의} ^{끝매듭} 짓는 오늘 이 땅에서 우리는 정말 무엇을 어떻게 할 것인가 고민해봅니다.

외로움을 못 견뎌 하는 것이 오늘을 사는 사람들입니다. 당최 혼자 있지를 못합니다. 모두들 앞서 가고 있는데 나 혼자서만 뒤쳐지는 것 같아 두렵습니다. 그래서 텔레비전과 라디오와 비디오며 컴퓨터를 틀어놓고, 손전화 없이 못살며, 알맹이도 없이 사람들을 만납니다. 그럴수록 더더욱 허전해집니다. 그래서 갓방 인두 달 듯 뽀로로뽀로로 싸돌아다녀보지만 허우룩하기는 마찬가지. 배암발을 달아보겠습니다.

"외로움을 견뎌내야 합니다. 그 길밖에 길이 없습니다."

김성동

• 1947년 충남 보령에서 태어나 19세 나이로 입산하여 10여 년간 불문(佛門)에 들었다가 1976년 하산했다. 1975년 《주간종교》 종교소설 현상모집에서 단편 「목탁조(木鐸鳥)」가 당선되었고, 1978년 중편 「만다라」로 《한국문학》 신인상을 수상하며 본격적인 작가생활을 비롯했다. 이듬해 장편으로 개작 출간하여 문단과 독서계에 커다란 반향을 불러일으켰다. 그 후 섬세하고 유장한 필치로 한국전쟁이 남긴 아픔과 구도의 여정에서 존재의 근원을 탐구하는 작품들을 발표해왔다. 창작집 「피안의 새」, 「오막살이 집 한 채」, 「붉은 단추」와 장편소설 「길」, 「집」, 「국수(國手)」, 「꿈」 등이 있다.

컴퓨터 이성이 판을 치는 지금 세상에서는 생각하여 무엇을 하는 것이 아니라, 단순히 프로그래밍이 된 것에 따라서 제대로 기능하기만 하면 됩니다. '생각하는 사람'이 필요한 것이 아니라, 잘 '기능하는 사람'이 출세하는 때가 되었습니다.

보통 사람은 모든 제도와 기술에 익숙하여 잘 기능하면 족한 세상이 되었습니다. 그래서 대학에서도 기능인을 길러내기에 모든 힘을 쏟습니다. 하지만 이런 때일수록 더욱 절실히 필요한 것은 '생각하는 사람'입니다.

젊은 정신을 믿으며

김조년 | 한남대 교수

1

　시간이 흐를수록 나에게는 안심하고 싶은 마음이 많고 깊어지는 것을 느낍니다. 한편으로 보기엔 관심이 없어지거나 무뎌져서 그런 것이라고도 할 수 있겠지만, 다른 한편으로는 염려하고 걱정하던 것들이 속알을 모르고 겉으로 드러난 사정만을 보고 판단한 것이라는 깨달음이 오기 때문이기도 합니다. 이 말 속에는 이제까지 어른들이 이런저런 자리에서 불쑥불쑥 던지는 젊은이들에 대한 불만과 불평을 나도 함께 했던 것을 반성하고 수정하는 뜻도 들어 있습니다.

"요새 젊은 애들은 생각이 있는 것인지 없는 것인지, 자신의 미래를 염려하기는 하는 것인지 알 수가 없어"라는 말을 종종 듣고 던지기도 했습니다. 라디오를 켜놓고 공부한다고 야단을 치기도 하고, 책을 읽거나 상대방과 말을 하면서도, 길을 걷거나 버스를 타면서도 항상 귀에 이어폰을 꽂고 다니니 그 귀가 앞으로 온전할 것인가 염려스럽기도 했습니다. 수업시간에 옆 사람과 킬킬거리며 웃고 장난치고, 길거리에서 먹고 마시고, 어린 남녀들이 서로 희희낙락 희롱하고, 위아래를 분별하지 못하고 자기 중심으로만 살아가는 듯한 인상을 준다고 매우 불만스러워하기도 했습니다.

옛날, 가난하고 아이들을 많이 낳던 시절에 비해 지금은 부모들이 자식들에게 쏟는 정성과 시간이 매우 많아졌습니다. 그런데도 어른들이 말하기를 "그래서 아이들이나 젊은 것들이 더 버릇이 없어졌다"고 합니다. 여기에서 주고받은 이야기들, 즉 '버릇없다', '장래가 걱정스럽다', '세상이 어떻게 되려는지 염려스럽다', '저 아이들에게 우리 미래를 맡겨도 되려는지 근심이다' 따위의 걱정하는 말의 의미를 곰곰이 따져볼 필요가 있습니다.

어른들은 아무리 노력해도 젊은이들을 이해할 수 없고 젊은이들은 아무리 애를 써도 어른들을 이해할 수가 없습니다. 짐작으로만 약간 알아챌 뿐입니다. 이런저런 이야기를 주고받아도 사실상 이해는 겉돕니다. 한 집에서 살고, 한 밥상에서 밥을 먹으며, 한 하늘 아래에서 호흡을 하면서 살지만 모든 사람은 각자 자신만의 주관세계를 가지고 있습니다. 이 주관세계가 모두가 함께 접촉하고 있는 객관세계를 각각 자기 자신만의 생활세계로 경험케 합니다. 즉, 우리 모두가 주관이 다르듯이 같다고 인정되는 객관세계 속에서 맞이하는 생활경험들이 각각 다릅니다.

여기에서 바로 상호 간의 오해, 이해되지 않는 것이 나타날 수밖에 없습니다. 그래서 세대 간의 갈등은 끊임없이 일어나고, 이어지고, 해결되지 않은 상태로 내려옵니다. 옛날부터 어른들은 젊은 것들을 비난하였고, 젊은이들은 늙은이들을 퇴물로 보면서 내치기도 했습니다. 어쩌면 서로 이해하려는 노력을 아예 접어버리고 자기 자리에서 자기 눈으로만 상대를 보려고 한 것인지도 모릅니다. 그럴 때는 나와 내 자리만 옳고 상대방은 그른 것으로 보일 수밖에 없습니다.

그런데도 세상은 점점 더 변하여 오늘에 이르렀습니다. 망할 수밖에 없을 것 같다고 판단되는 그 철없는 아이들이 이끈 세상은 점점 더 오늘에 이르는 변화를 거듭했습니다. 그것이 더 좋은 것으로 발전한 것인지, 아니면 점점 더 망하여 종말의 심판을 기다리는 것으로 치달려온 역사인지는 모르지만, 변해왔습니다. 그러는 동안에 눌렸던 개인들이 해방되고, 굶주렸던 사람들이 배를 불리게 되며, 무식했던 사람들이 세계지식을 섭렵하는 유식쟁이가 되었습니다. 아직도 완전히 해방된 것은 아니지만, 노예였던 사람들이 주인이 될 가능성이 넓게 열리게 되었고, 어느 정도는 아버지의 신분을 상속하지 않아도 되는 단계에 도달하기도 했습니다.

한 평생 자기 집과 자기 동네 밖을 나다니지 않고 앉은 자리에서 낳고 자라고 죽던 개인 경력과는 달리, 지금은 계모임을 통해서라도 온 세계를 주름잡고 다니는 여행경력자들로 변하기도 했습니다. 산 너머 이웃마을 소식도 오랜 세월이 지난 뒤에 듣던 것과는 달리, 지금은 한 번도 듣거나 보지 못하던 구석에서 일어나는 일도 그 자리에 함께 있는 것보다 훨씬 더 현실감 있게 곧바로 경험할 수 있는 세상이 됐습니다. 100여 년 전에 비하여 지금은 모든 지역에 사는 사람들이 평균적으로 두 배에 가까운 수명이 연장되었습니다. '건강'이 새로운 종교가 된 상황의 결과이기도 합니다. 인류가 언제나 희망했던 건강하게 잘 먹고 오래 살되 평화로우면 좋겠다는 것이 현실로 나타나는 형국입니다. 그런데 다만 전쟁이 일어났다 하면 대량살상이 일상사가 됐습니다. 아니면, 크게 일어나면 온 세계가 삽시간에 방사능으로 인해 전멸당할 위험한 세상이 되기도 하였습니다.

이 모든 것들은 어른들이 '저것, 커서 무엇이 될 것인가' 걱정하던 그 세대들이 반복되면서 이루어낸 빛나는 성과입니다. 결론은 하나입니다. 아무리 타락하고 걱정스러운 젊은이들도 그 속에는 꽉꽉 찬 속알을 가지고 있더라는 점입니다. 판단이 문제였지 그들 현상은 전혀 달랐던 것입니다. 그래서 나는 더 이상 염려하지 않기로 했습니다. 염려하는 세대는 맥없이 사라지고, 염려스럽다고 핀잔받던 세대는 언제나 대를 이어 시대의 주인이 된 다음에 선배들과 같은 염려를 또 하게 됩니다. 세상은 이렇게 다음 세대에 대한 염려를 반복하면서 굴러왔습니다.

2

역사는 진보하는 듯 퇴보의 경향이 있고, 뒤로 물러선 듯 앞으로 나가는 것을 볼 수 있습니다. 역사의 진행과 사회변동은 마치 잘 훈련된 병사들이 제식훈련 하듯이 그렇게 일사불란하게 이루어지지 않습니다. 한 자리, 한 시대에 포스트모던한 것과 전근대적인 것, 원시시대에나 맛보던 것들이 함께 있습니다. 시간이 가면서 무엇이 새것이고 낡은것인지를 구분하기 힘들 만큼 앞뒤가 뒤바뀌기도 합니다. 때때로 포스트모던한 것이 전근대적인 것으로 판명이 되고, 원시적인 것이 최첨단 새로운 것으로 평가되기도 합니다. 그러니까 시간의 흐름에 따라서 모든 판단은 뒤바뀝니다.

시간 안에 있는 것은 그래서 영속하는 것이 없습니다. 가치도 판단도 실재하는 것도 시간 안에서는 다 흘러갑니다. 그것들은 실재하는 듯 흘러가고, 실체인 듯 그림자에 지나지 않습니다. 그러나 그림자 속에 본질이 들어 있고, 흘러가는 것 속에 흔들리지 않는 영속성이 있습니다.

하지만 분명한 것은 그렇게 흘러가는 시간 속에 언제나 있는 것, 즉 '지금'이 자리하고 있다는 점입니다. '지금'

이나 '이제' 로 표현되는 순간만이 언제나 영속합니다. 거기에는 과거도 없고 미래도 없습니다. 오직 그 순간의 '지금' 만이 삶을 이끕니다. 바로 그 '지금' 이라는 찰나는 언제나 결단의 시간입니다. 그 결단은 언제나 영원을 품고 약속합니다. 우리가 흔히 시간을 나눌 때 쓰는 과거와 현재와 미래라는 구분의 '현재' 와는 전혀 다른 의미의 지금이라는 찰나입니다. 그 순간은 점도 면도 길이도 선도 무게도 없는 것인지 모릅니다. 어쩌면 표현할 수 없는 미세한 것인지도 모릅니다. 물질의 나노와 시간의 나노를 다 포함하는 아주 지극히 작고 적은 그 무엇인지 모릅니다. 그렇게 작은 것 속에 인류와 나 자신의 과거와 미래가, 영원히 까마득한 과거와 영원히 까마득한 미래가 응축되어 있습니다. 그것이 응축된 그 시점이 바로 '여기' 에서 현실로 나타납니다.

영원한 시간은 장소 개념이 없지만, '지금' 이라는 영속하는 순간의 시간은 언제나 '여기' 라는 장소 속에 있습니다. 저기와 거기가 아니라 바로 '여기' 입니다. 그러나 '지금' 이라는 순간이 그러하듯이 어떤 부피나 무게가 없고 크기도 없습니다. 그래서 실제로 존재하는지 아닌지를 분간할 수가 없습니다. 그러면서도 있습니다. 있으나 지극히 작아서 어디에 있는지 알 수가 없습니다. 그러면서 그것은 우주의 모든 공간을 다 차지합니다. 그래서 동시에 전체입니다. 넓이도 부피도 크기도 없는 '여기'에 전 우주가 들어 있고, 그 우주에 존재하는 모든 것들을 함께 담고 있습니다. 그래서 그 자리에는 '저기'나 '거기'란 것이 차지할 자리가 없습니다. 오직 있는 것은 '여기' 뿐입니다.

삶이란 바로 이 두 가지, 즉 '지금'이라는 순간의 시간과 '여기'라는 공간이 만나는 곳에서 이루어지는 잔치입니다. '지금'과 '여기'가 만나는 혼인잔치가 우리의 삶이라 할 수 있습니다. 과거 언젠가 경험했던 사실에 대한 기억과 아직 경험하지 않았지만 일어나야 할 것으로 기대되는 사실이 지금, 바로 여기에 응축되어 결단으로 나타납니다. 이따가 또는 나중에 저기에서 결단하는 것이 아니라 지금 여기에서 결단하는 것입니다.

이렇게 보면 늙은이나 젊은이, 남자나 여자, 흑인이나 백인, 황인이라는 구별들이 전혀 무의미합니다. 거기에는 아주 단순하게 결단하는 '사람'만이 있습니다. 그래서 사람은 지금 여기에서 팔팔하게 살아 있는 존재입니다. 바로 그 존재는 다시 말하면 영원과 우주를 품고 있는 한 점입니다. 그 점, '지금', '여기'에서 비로소 사람은 그를 만납니다. 바로 이러한 삶을 사는 한 존재는 영원과 무한을 품은 위대한 사람입니다. 무엇과도 비교할 수 없는 귀하고 거룩한 존재입니다. 바로 누구에게나 그런 위대한 씨가 떨어져 있습니다. 다만 그가 이제 그 위대하고 거룩한 씨를 틔우는 것이 필요할 뿐입니다.

3

'지금'과 '여기'는 살아서 움직입니다. 각자가 그것을 경험하는 것은 매우 다릅니다. 그래서 누가 누구에게 이러저러하라고 강요할 수도 없고 그럴 필요도 없습니다. 설령 누가 그렇게 한다 하여도 그것을 받아들을 필요도 없습니다. 다만 그것 자체가 말하고 보여주는 것을 직접 듣고 보기만 하면 됩니다. 그것이 무엇이고 어떻게 가능할까요? 여기에는 방법이 있을 것입니다. 잠깐 그 방법을 생각해봅시다.

우선 '지금', '여기'에서 생각하는 일입니다. 오늘날은 생각 없이도 살 수 있는 시대가 되었습니다. 특히 컴퓨터 이성이 판을 치는 지금 세상에서는 자기 머리로 생각하는 것은 매우 효율이 떨어지는 것이며 시대에 뒤떨어지는 것임과 동시에 이 시대를 함께 살 수 없는 존재로 취급됩니다. 생각하여 무엇을 하는 것이 아니라, 단순히 프로그래밍이 된 것에 따라서 제대로 기능하기만 하면 됩니다. '생각하는 사람'이 필요한 것이 아니라, 잘 '기능하는 사람'이 출세하는 때가 되었습니다. 보통 사람은 모든 제도와 기술에 익숙하여 잘 기능하면 족한 세상이 되었습니다. 그래서 대학에서도 기능인을 길러내기에 모든 힘을 쏟습니다.

하지만 이런 때일수록 더욱 절실히 필요한 것은 '생각하는 사람'입니다. 생각 없이 사는 것은 꼭두각시이거나 노예에 지나지 않습니다. 물론 사람인 다음에야 노예도 생각하고 사는 존재이지만, 주인의 입장에서는 시키는 대로 하는 생각 없는 존재라야 좋습니다. 사람이 제대로 된 사람으로 살아가려면 '생각'하는 길밖에는 더 없습니다. 생각이란 단순히 공상한다거나 멍하니 앉아 있는 것을 말하지 않습니다. 역사와 현실을 똑바로 보고, 과학과 이성을 바탕으로 직관을 개발하는 일입니다. 현실과 과학이라는 객관성을 바탕으로 자기 이성을 동원하여 역사를 판단할 때 매우 탁월한 직관에 이를 수 있습니다. 그것은 많은 지식을 가질 때 나타나는 것이 아니라, 상상력을 기를 때 찾아집니다. 언제나 상상력은 허무맹랑한 것이 아니라, 치밀한 관찰과 분석과 종합을 바탕으로 이성작용의 최고치에서 나타나는 황홀한 현상입니다. 내일이나 먼 장래에 대한 꿈을 꿀 것이 아니라, 어마어마한 지식을 축적하려고 밤낮으로 노력할 것이 아니라, 상상력을 기르려고 애를 쓸 일입니다.

그것을 위해서는 고전읽기가 아주 안성맞춤입니다. 동서양의 고전이라는 것들도 물론 한계를 가지고 있는 것은 사실입니다. 그러나 고전이 되어 긴 세월 읽히는 데는 다른 어느 것보다도 그 한계를 상당히 많이 극복한 결과입니다. 지역과 시대와 이념과 사상체계들이 가지는 제한점을 극복하여 보편성을 가지려는 노력의 결과로 나타난 것이 고전입니다. 한두 사람의 노력으로 쓰인 것도 있지만, 대개의 것들은 오랜 세월을 거치면서 집단이성과 집단감정을 가지고 쓰인 것들입니다. 그것은 그 당시 매우 치열한 삶의 현장에서 나온 정제된 생각들과 삶의 지침입니다.

고전을 읽을 때는 우선 그것이 쓰였던 당시의 상황 안에서 읽어야 합니다. 그런 다음에 오늘을 살고 있는 주체로서 다시 읽어야 합니다. 이것은 고전의 고쳐읽기입니다. 고쳐서 읽는다는 것은 원 텍스트를 고친다는 것이 아니라 변화된 상황에서 다시 해석하여 읽는다는 말입니다. 고쳐 읽는다는 것은 과거 오래된 문서를 살려서 오늘에 숨 쉬게 한다는 뜻입니다. 모든 고전은 그렇게 고쳐 읽을 때 가치가 있고 읽는 이에게 무한한 상상력을 제공합니다.

그러한 읽기를 바탕으로 얻은 상상력을 가지고 모든 사물을 자세히 보고 오래 보는 것이 매우 중요합니다. 나태주 시인이 쓴 「풀꽃」이라는 시가 있습니다.

자세히 보아야 예쁘다.
오래 보아야 사랑스럽다.
너도 그렇다.

아주 간결한 시지만, 그 속에 깊은 지혜가 들어 있습니다. 별로 아름다울 것도 없고 화려하지 않아 사람들의 눈길을 끌지 못하는 길섶에 핀 풀꽃 하나. 그냥 쉽게 지나칠 수밖에 없는 것이지만, 자세히 들여다볼 때, 그리고 오래 볼 때 아름다움과 사랑스러움이 드러납니다. 꽃의 진실이 나타납니다. 그 한 송이 보잘것없는 것처럼 여겨졌던 작은 풀꽃 안에 우주가 들어 있고 하느님과 부처가 들어 있고 생명의 처음과 끝이 다 들어 있음을 봅니다. 그것과 마찬가지로 사람이든지 사물이든지 무엇이든지 자세히 오래 보고 또 볼 때 그 속알이 드러납니다. 이렇게 될 때 한 알 속에서 전체를 보고, 작은 것에서 거대한 것을 보며, 순간에서 영원을 만날 수 있습니다. 매일 만나 조잘거리는 친구의 눈을 아주 오래도록 자세히 들여다봅시다. 어머니나 아버지의 얼굴을 아주 자세히 그리고 오래 들여다봅시다. 그러면 인생의 진짜 모습이 무엇인지 알아차릴 수 있을 것입니다. 그렇게 되면 모든 것에 실망하고 짜증내고 부정하지 않고 깊고 넓은 긍정으로 살게 될 것입니다.

4

생명은 절대긍정입니다. 물론 그때 그곳의 현실생활은 언제나 힘이 듭니다. 불교에서 말하듯이 삶은 고난입니다. 낳고 자라고 늙고 병들고 죽는 것 모두가 다 고통입니다. 고통을 주제로 삼는 교리에도 불구하고, 그러한 고통의 길을 걸어 궁극에는 해탈解脫에 이르는 최종 목적지에 도달합니다. 끝없이 반복되는 윤회輪回의 업業을 지나 궁극에는 윤회의 인연고리에서 벗어나 궁극적 해방에 이릅니다. 크게 보아 긍정입니다.

기독교의 교리 역시 일상생활은 고난이 주제입니다. 사람이 가지고 있는 원죄로 사람은 본질상 멸망의 존재입니다. 이미 탄생함과 동시에 멸망의 씨를 함께 안고 있습니다. 살아갈수록 그 씨가 점점 커지고 싹이 나고 자라서 멸망에 이릅니다. 그러나 절대부정의 그 교리에서 절대긍정의 한 면을 봅니다. 그것은 어느 한 계기에서 절대 궁극의 존재와 만나는 것을 통하여 고난의 고리에서 벗어나 궁극 구원에 이릅니다. 고난은 고난 자체에 의미가 있는 것이 아니라, 궁극 존재를 만나 영원한 삶에 이르는 데 의미가 있습니다. 고통이나 아픔이나 기쁨이나 죽음과 썩음이 모두 궁극적 절대긍정의 길로 가는 과정입니다.

우리가 하나의 나무를 자세히 살필 때도 그와 같은 것이 금방 드러납니다. 바람에 시달리고, 햇볕에 뜨겁게 달

귀지고, 폭풍우와 폭설에 찢겨지고 넘어져도, 결국에 그 나무는 대지에 깊게 뿌리를 내리고 하늘을 향하여 당당히 솟아올라 우주를 숨 쉬는 거목으로 자랍니다. 절대긍정은 부정한 것을 그대로 인정하고 넘어가는 것과는 너무 다릅니다. 절대긍정은 부정 그 자체를 포함하는 극복의 길입니다. 그 길은 속에 평화를 모시는 삶으로 나타납니다. 모든 사람들이 다 한결같이 세상에서 사는 동안 평화롭기를 희망합니다. 그런데도 사람과 사람이 만나는 곳마다 평화보다는 갈등과 쟁투가 더욱 심한 것을 봅니다.

참으로 묘한 것이 그 부분입니다. 그 많은 성자들과 성인들이 그렇게 온 힘을 다하여 온 맘으로 평화롭게 살기를 부르짖고 실천하였으면서도, 또 그것이 좋고 감동스러워서 무수히 많은 사람들이 그들의 뒤를 따라 살고 걷기를 희망하면서도 매일 우리가 부딪치는 문제는 바로 이 평화에 대한 희망과는 정반대의 것들입니다. 왜 그러할까요? 그에 대한 원인을 분석하면 수도 없이 많을 것입니다. 그러나 내가 보기엔 일단 평화를 희망하는 사람이든 아니든 누구나 그 자신 속에 평화가 가득 넘쳐야 합니다. 내가 평화롭지 못하고는 결코 평화로운 기운을 주변에 줄 수도 없고, 평화로운 말을 할 수도 없습니다. 마음속에 평화가 없이도 문법에 맞는 평화의 메시지를 전달할 수는 있을지 모르나, 그것은 결코 평화롭게 전달되지도 않고, 듣는 사람에게 평화로운 감동을 주지 못합니다. 반대로 일단은 싸우고 때려도 속에 가득히 평화가 넘치게 될 때는 평화롭게 문제가 해결될 가능성이 아주 큽니다. 그래서 일단 세상에서 평화로운 삶을 희망한다면 내가 먼저 평화가 될 일입니다. 평화를 속에 담고, 내가 평화가 되면, 자연스럽게 평화로운 삶과 기운이 나오고 퍼질 수밖에 없을 것입니다. 그 기운으로 평화로운 세상을 만들려고 아주 지극한 평화적 방법으로 노력하게 될 것입니다.

이러할 때 우리는 언제나 맑은 노래를 부르게 됩니다. 깊은 속으로부터 나오는 영혼을 울리는 노래를 자연스럽게 부르게 됩니다. 비록 힘들고 어려워서 신음처럼 나오는 소리라 할지라도 그 울림은 궁극적 평화의 메시지가 될 것입니다. 우리 입에서 나오는 소리도 역시 땅속을 비집고 나오는 물과 같습니다. 땅이 맑고 깨끗할 때 물이 그것을 통과하면서 정화되듯이 우리의 소리도 역시 우리의 맑고 평화로운 마음을 통과하여 나올 때 자연스럽게 그런 소리로 울림이 퍼질 수밖에 없습니다. 잘하고 못하고가 아니라 아주 즐겁게 평화로운 마음으로 노래하는 것을 훈련한다는 것은 자기 자신을 닦고 사회를 맑히고 건실하게 세우는 것이 될 것입니다. 이러한 노래들은 뭇 생명을 살립니다.

생명을 살리는 행위는 생명을 모시는 것입니다. 모심은 알아줌이요, 같이함이요, 함께함을 지나 하나 됨입니다. 사람도 생명이요, 짐승도 생명이며, 식물들도 생명입니다. 심지어 우리가 무생물이라고 하는 물건들 속에도 살아 있는 생명이 존재한다고 봅니다. 이 낱낱의 생명들 속에는 뭇 생명 속에 있는 온생명(장회익 선생의 표현)이 온전히 들어 있습니다. 바로 이것들을 그대로 있게 하는 것이 가장 아름다운 모습입니다.

인간은 매우 교만하여 이런 모든 생명체를 자신의 도구로만 여겨왔습니다. 함께한다거나 하나가 되어 살려고 하지 않고 오로지 잘 지배하고 다스려서 인간의 삶의 뒷받침이 되면 족한 것으로 여겨왔습니다. 인류의 문명사는 바로 인간 이외의 자연이라 불리는 다른 생명을 다스리고 지배하고 착취하는 역사였습니다. 오늘의 문명은 바로 그것의 결과입니다. 그런데 놀랍게도 다른 것들을 생명 없는 '몬물건'으로 취급할 때, 그 방식으로 인간 역시 생명이 아닌 '몬'으로 취급되고 전락한다는 사실입니다. '오늘'은 바로 이 '생명의 위기상황'이 극에 도달한 시대입니다. 생각이 있고 염려하는 존재라면 바로 이 생명위기를 극복할 길을 모색하는 것 이외에 다른 길은 없습니다. 촛불을 들고 유희처럼 시위를 하는 젊은이들이라면 충분히 이 생명을 살려낼 문명전환의 길을 찾을 수 있을 것입니다.

내가 믿는 것은 바로 이런 젊은이들의 정신에 있습니다. 그 맑은 영혼을 더럽히지 말고 순수하게 야성을 간직하게 할 때 분명히 우리의 문명은 새로운 세계를 맛볼 것입니다.

김조년

• 충북 영동 출생. 한남대학교를 거쳐 독일 괴팅겐 대학교에서 사회학, 교육학, 정치학을 공부했다. 지금은 한남대학교 사회복지학과 교수로 재직 중이다. 시민운동에 관심을 가지고 함석헌 기념사업회, 민들레의료생활협동조합, 환경운동연합 등에 관여하고, 격월간 《표주박통신》 주필을 맡고 있다. 지은 책으로는 『성찰의 창문으로 바라본 세상』, 『지역이 학교요 학교가 지역이다』 등이 있고, 옮긴 책으로는 『카토 본트여스 판 베이크』, 『그래도 내 마음은 티베트에 사네』(공역)가 있으며, 《표주박통신》 20주년 기념 『사랑하는 벗에게』를 펴낸 바 있다.

Ⅱ
생명,
그리고
평화

최열
환경과 문화의 시대를 살아가는 청소년들에게

박승옥
노예로 죽을 것인가, 자유인으로 살 것인가

김낙중
내일의 역사를 담당할 사랑하는 젊은이들에게

김규동
그대에게도 길은 있으리

환경과 문화의 시대를 살아가는 청소년들에게

최열 | 환경재단 대표

금년에 제가 60세가 되었습니다. 만약 제가 태어난 해보다 50년 전인 1890년대나 1900년대 초에 태어났다면 벌써 평균수명보다 오래 산 게 되겠네요. 당시 사람들의 평균수명이 51세였거든요. 지금 청소년들의 평균 수명이 120~150세로 예상되는 것을 감안하면 우리 청소년들은 20세기에 태어나 21세기를 거쳐 22세기까지 살아갈 사람인 것이지요.

과거 어른들은 "어른 말 들어서 나쁠 게 하나 없다"면서 젊은이들에게 어른들의 삶에 맞춰서 살기를 강요했지만, 빠르게 변화하는 요즘과 같은 상황에는 과거 어른들이 살았던 방식에 맞추지 말고 21세기의 삶을 구성해야 합니다.

돌이켜 생각해보면 나는 60년밖에 살지 않았지만, 가장 변화가 심한 격동적인 시대에 삶을 살았던 게 아닌가 생각합니다. 제가 태어난 후 곧 한국전쟁이 일어났습니다. 시대상을 반영하듯 어린이들은 총싸움이나 전쟁놀이 등을 하고 놀았죠. 그렇게 불안했던 상황에도 청소년들이 올바르게 자랄 수 있었던 것은 그들의 동심을 아우르는 아름다운 자연이 있었기 때문이 아닐까요.

저는 어릴 때 대구에서 자랐습니다. 그 당시 대구는 서울과 부산에 이어 3번째로 큰 도시임에도 불구하고 자연환경이 그대로 보존되어 있었습니다. 저는 집 근처의 금호강 가에서 친구들과 함께 신석기 시대에나 나올 법한 작살로 물고기를 잡곤 했답니다. 그때까지도 사람들이 자연과 가까운 환경에서 살았다는 것을 반영하는 것이지요. 도심지의 길에서 자치기도 하고 팽이치기도 했는데, 지금 생각해도 참 재미있는 기억입니다. 1950년대 초반에만 해도 우리 국민의 80퍼센트가 농민이었고 농사가 풍년이면 나라 살림이 풍요롭던 시절이었습니다. 자연환경이 참 좋았는데 단 하나, 산에 나무가 별로 없었어요. 비가 오면 산사태가 날 정도였지요. 다행하게도 그 후 40년간 녹화사업을 한 결과 삼림이 울창한 나라가 되었습니다. 20세기를 통틀어 녹화 사업에 성공한 나라는 우리나라가 처음이었습니다. 자연과 어우러져 자랄 수 있어서 축복받은 어린 시절을 보냈던 거죠.

하지만 우리나라도 개발과 산업화 열풍이 불면서 사정은 달라졌습니다. 1960~1980년대를 거치면서 급속도로 발전을 하게 되었는데, 유럽이 200년 동안 이룩한 산업화를 30~40년 만에 이루어낸 것입니다. 산을 뚫어 길을 만들고, 습지를 메워 빌딩을 짓고, 마을 곳곳에 공장을 건설하는 등 산업화가 진행되다 보니 경제적 발전은 있었지만 환경오염은 피할 수 없게 되었습니다. 산업화의 대가로 지금 여러분들이 누려야 할 자연을 파괴한 것이었죠.

요즘 청소년들은 최첨단의 문명과 과학의 혜택을 누리며 살아가고 있습니다. 언제 어디서나 인터넷을 할 수 있고, 휴대전화와 게임기를 통해 우리가 알지 못하는 또 다른 삶을 살아가고 있는 것 같습니다. 내가 어렸을 때 물고기를 잡으며 재미있게 시간을 보냈던 것에 비해 지금은 너무나 많은 물질문명에 노출되어 있다고 할 수 있습니다. 어떻게 보면 편하게 살아가는 것으로 생각될 수 있지만, 한편으론 우리 청소년들이 자연이 가지고 있는 위대함과 중요성을 잘 모르는 것 같아 안타까운 마음도 생깁니다. 청소년 시절에 중요한 것은 직접적인 체험을 통해 느끼는 것이거든요.

우리 딸이 초등학교 3학년 때 함께 광릉수목원을 갔었는데, 하루 동안 다녀왔을 뿐인데도 50가지 이상의 나무 이름을 정확히 기억하더라고요. 정말 놀랐습니다. 어릴 때 체험하지 않으면 어른이 되어서도 알지 못하는데, 딸이 하루 동안의 체험으로 변화한 걸 느낄 수 있었습니다.

또 한번은 어린이들과 5박 6일 동안 섬진강을 걸었던 적이 있어요. 그 아름다운 섬진강을 보고나니 어린이들이 강을 친구로 생각하더라고요. 당시 초등학교 4학년 여학생이 이런 글을 썼던 게 기억납니다.

'진강아, 너를 처음 만났을 때는 넌 나보다 훨씬 작았었어. 그런데 지금은 나보다 훨씬 크고 깊어졌어. 보도블록이 아닌 보드라운 흙을 밟으며 네 곁에 있는 식물과 나무와 꽃을 보고, 물고기와 놀다 보니 너에게 많은 걸 배우게 되었어. 오염물질도 깨끗하게 정화해주는 네가 너무 좋아. 진강아 내년에는 할아버지와 함께 올게. 안녕.'

이 친구는 섬진강을 따라 걸었던 일을 한평생 잊을 수 없는 추억으로 갖게 된 것입니다.

저는 청소년기에 가장 중요한 것이 새로운 체험을 통해 창조적인 생각을 하고, 남을 이해하는 넓은 마음을 갖는 것이라고 생각합니다. 우리가 어릴 때는 해외로 나간다는 생각을 못했는데 지금은 지구가 우리의 울타리가 되었습니다. 다른 나라의 문화를 이해하는 데에도 좋은 기회가 된 것입니다. 50년 전 우리나라가 어려웠을 때 다른 나라가 우리를 도와줬듯이 이제 우리가 아프리카나 동남아시아 등 어려운 지역을 도울 수 있는 열린 마음을 가질 수 있게 되었고요. 열린 마음으로 세계를 보고, 함께 잘 살기 위해 노력하는 것이 어릴 때부터 습관이 되어야 합니다.

시대가 굉장히 빠르게 변하고 있습니다. 과거 어른들은 학창시절 교육으로 평생을 살 수 있었으나, 지금은 지식

반감기가 점점 짧아지고 있습니다. 청소년 여러분, 많이 체험하고 느끼십시오. 그리고 미래를 예측할 수 있는 능력을 길러야 합니다. 지금 중요한 것이 앞으로도 계속 중요한 것은 아닙니다. 지금 중요하면서 앞으로도 중요한 것, 그리고 지금은 중요하지 않지만 앞으로 중요한 것을 찾아 뻗어나가야 합니다.

21세기는 환경과 문화의 세기가 될 것입니다. 다양한 문화를 체험하고, 환경에 관심을 가져야 합니다. 지구는 46억년이 되었고, 지구환경은 지금 우리가 살기에 적합한 환경으로 되어 있습니다. 우리가 지금처럼 소모적인 생산과 소비를 하고, 지나친 에너지 사용에 치우친 삶을 살게 되면 생태계는 말할 수 없이 망가져버립니다.

지구 온도는 지난 100년 동안 0.74도밖에 안 올랐는데, 우리나라는 평균 1.5도, 서울과 울산과 같은 대도시는 3도가 올랐습니다. 지난 70년 동안 우리나라 겨울이 한 달이나 짧아지고 여름은 한 달이나 길어졌습니다. 당연히 농작물 생산도 달라졌지요. 맛 좋기로 유명한 대구 사과도 이제 옛말이 되었습니다. 지구온난화로 인해 사과 재배지가 자꾸 북쪽으로 올라가 대구에는 경작농가가 100가구도 되지 않고 이제는 강원도 영월, 양구에서 더 많이 재배되고 있습니다.

21세기에도 지금과 같은 속도로 기후변화가 진행되면 20세기보다 더 심각하게 생태계가 파괴되고, 과거 경험하지 못했던 거대한 재난을 경험하게 될 것입니다. 내륙지역은 수분증발로 사막화가 증가하고, 북극의 빙하가 빠르게 녹아 해수면이 상승하며, 갈수기에 강물이 말라 농산물 산출량은 줄어들고 비용은 높아져 빈곤의 악순환이 심화될 위기에 봉착할 것입니다. 우리는 에너지 사용을 획기적으로 늘여 잘 살게 되었지만 생태계적인 관점으로는 더 이상 복구 불가능한 상태로 환경을 파괴시킨 결과를 초래했습니다.

자라나는 21세기의 청소년들은 바람과 태양을 이용한 신재생에너지를 사용하고 화석연료와는 멀어지는 생활방식을 가져야 합니다. 이제 더 많은 생산을 통해 풍요로워진 것의 한계를 깨닫고 음악, 공연 등의 문화를 통해 부가가치가 높은 3차 산업으로 눈을 돌려야 합니다. 21세기는 풍요로우나, 다른 한편으로는 우리가 경험하지 못한 어려움을 미리 예측하고 준비해야 합니다. 그러면 우리 청소년

들과 또 그 다음 세대가 살아갈 지구는 참으로 풍요롭고
아름다운 환경을 우리들에게 선물할 것입니다. 창의적인
생각과 다양성을 지닌 우리 청소년들의 능력이 지구촌의
역량을 발휘할 수 있는 기회가 될 것이라 믿습니다.

최열

• 1970년대 민주화운동에 참여했으며, 1982년 공해문제연구소를 설립한
이래 25년간 우리나라 환경운동을 개척했다. 공해추방운동연합을 창립했
고, 리우 환경회의에 NGO 단장으로 참가한 후 1993년 환경운동연합을 창
설하고 사무총장을 맡았다. 이후 환경재단을 창립하여 대표를 맡고 있으며
미국의 골드만환경상을 수상했다. 저서로 『최열 아저씨의 지구촌 환경 이야
기』, 『지구온난화의 부메랑』등 다수가 있다.

노예로 죽을 것인가,
자유인으로 살 것인가

박승옥 | 시민발전 대표

우리가 지금 살고 있는 이 세상은 앞으로 머지않아 붕괴되고 만다. 지금과 같은 산업사회의 풍요는 앞으로 영원히 다시 오지 않을 것이다. 대량생산과 대량소비의 자본주의 산업 문명은 전혀 지속 불가능하다. 앞으로 수십 년 이내에 지난 1백년 간 지속되어 왔던, 특히 2차 세계대전 이후 반세기 넘게 사상 최대의 풍요를 구가하던 오늘날의 석유문명은 서서히 또는 순식간에 수많은 폐허와 흉측한 유물만 남기고 사라지고 말 것이다.

이런 말을 하면 아마도 많은 사람들은 무슨 뜬금없는 황당한 종말론이냐고 의아해할 수도 있다. 그러나 조금만 상식을 회복해서 우리가 사는 세상의 지금 모습을 찬찬히 둘러보라. 그러면 왜 지금과 같은 우리들의 삶의 방식이 지속 불가능하고 붕괴가 불가피한지 금방 깨달을 수 있다. 우리가 지금 누리고 있는 풍요의 원천은 다름 아닌 지속 불가능한 석유이기 때문이다.

우리의 의식주 물질생활 모든 분야에서 석유가 들어가지 않은 상품이나 물건은 없다. 당장 이 책에 인쇄되어 있는 글씨의 색깔조차 석유에서 추출된 것이다. 우리는 지금 유한한 지구의 자원인 석유를 먹고 마시고 입고 덮고 잠을 자는, 말하자면 석유로 도배된 세상을 살고 있는 중이다. 그런데 그 석유가 이제 빠르게 고갈되어가고 있고 머지않아 이 지구상에서 완전히 사라져버리게 된다. 당연히 석유 문명도 붕괴되고 사라질 수밖에 없다.

초 슈 퍼 맨 들 인   한 국 인 들

전 세계에 걸쳐 생산되는 석유의 절반은 교통 분야에, 개별난방과 중앙난방에 25%, 전력생산에 10%, 석유화학에 8%, 농업에 3%, 기타 4% 비율로 쓰인다. 물론 석유를 전부 수입하는 우리나라는 이와는 현격하게 다르다. 우리나라에 수입된 석유의 절반 정도는 산업 분야에서 사용되고, 가정·상업 부문이 40%, 교통 분야에 7%, 전력 생산에 4% 정도 투입된다. 그만큼 한국경제에서 석유화학공업이 차지하는 비중은 높다.

물론 에너지는 석유만 있는 것이 아니다. 원자력도 있고, 가스도 있고, 석탄도 있고, 그리고 햇빛, 바람, 물, 바이오 가스 등 재생에너지도 있다. 이런 에너지 전체를 놓고 따져보면 대략 전세계 에너지의 절반은 산업, 4분의 1이 수송, 4분의 1이 가정상업용으로 쓰인다.

그럼 우리는 에너지를 도대체 얼마나 쓰고 있는 것일까. 2007년 한국의 최종 에너지 소비량은 총 173,584,000 TOE였다. 세계 10위 정도 된다. TOE ton of oil equivalent 란 석유환산톤으로서 다른 종류의 에너지원들을 원유 1톤의 칼로리를 기준으로 표준화한 단위이다. 쉽게 설명하면 1TOE는 일반승용차(연비 12km/l)가 서울─부산을 16번 왕복할 수 있는 휘발유 양이며, 한 달에 200kWh를 쓰는 일반가정에서 약 1년 8개월 동안 쓸 수 있는 전력량이다.

그런데 1kWh의 전기는 어느 정도의 힘을 발휘하는 에너지일까 따져보면 우리가 얼마나 초슈퍼맨의 생활을 하고 있는지 경악을 금치 못하게 된다. 1kWh의 에너지란 맨손으로 땅에 있는 경승용차를 에펠탑 꼭대기까지 끌어올리는 데 들어가는 에너지의 양과 같다. 그러니 1억 7천얼마의 석유환산톤을 쓴다는 것은 도저히 천문학의 숫자로도 상상이 가지 않는 에너지 소비량이다.

우리나라 인구 수로 나눈 1인당 에너지 소비량 4.43TOE란 숫자는 우리나라 시민 한 사람이 하루에 54.6kWh 정도의 에너지를 쓴다는 말이다. 미국보다야 훨씬 적지만, 이미 독일과 영국, 일본을 추월한 소비량이다. 독일이나 영국, 일본이 우리보다 못사는 나라가 아닌데도 말이다. 아마 슈퍼맨이 아무리 심심하다고 해도 하루 종일 50번씩이나 경승용차를 에펠탑 꼭대기까지 들어올리는 짓은 하지 않을 것이다.

석유 소비도 마찬가지이다. 우리는 지금 2007년도에만 95조 원 어치의 석유를 수입했다. 석유 소비는 세계 7위이며, 1인당 석유 소비량으로 계산하면 16.18배럴로 이것도 물론 자랑스럽게도 세계 5위이다. 이는 국내총생산GDP의

10%에 해당하며, 우리나라의 주력 수출품인 자동차와 반도체 수출 액수인 76조 원보다도 더 많은 액수이다. 게다가 우리의 국내총생산 1,000달러당 전력 소비량은 최고 수준으로 일본의 두배에 달한다. 석유 한 방울 나지 않는 나라에서, 에너지의 97%를 수입에 의존하는 나라에서 에너지 과소비라는 말로는 부족할 만큼 어마어마한 에너지를 미친 듯이 불태우고 있는 중이다. 미치지 않고서는 도저히 실행할 수 없는 괴력의 소유자들이 바로 우리들이다.

오늘날 우리나라에서 월소득 150만 원 이하면 차상위 빈곤계층에 속한다. 그러나 150만 원이란 북한이나 동남아 노동자들의 2~3년 치 연봉에 해당한다. 실제로 우리나라 차상위 빈곤층의 의식주 소비생활은 역대 어느 제왕보다도 못지않다. 세종대왕이 에어컨 나오는 가마를 타고 출퇴근하지는 않았을 것이며, 네로황제가 겨울에 수박을 먹지는 못했을 것이다.

우리는 지금 삼풍백화점 5분 전의 세계에서 살고 있다. 삼풍백화점이란 말을 처음 들어본다면 당장 인터넷에서 이 말이 무엇을 뜻하는지 검색해보라. 그때 삼풍백화점에 있었던 수많은 사람들 가운데 백화점 건물이 한 순간에 폭

삭 무너져 내리리라고 예상했던 사람은 아무도 없었다. 붕괴를 예감하고 미리 피신했던 사람들도 없었다. 그저 넘치고 넘치는 호화로운 상품들, 의식주에 관련된 수백 수천의 갖가지 물건들을 쇼핑하기에 정신이 없었을 따름이다. 감미로운 음악을 들으며 우아하게 산해진미의 음식을 즐기기에 정신이 없었을 따름이다.

수 메 르 문 명 은 왜 붕 괴 되 었 을 까

우리가 지금까지 알고 있는 수백만 년의 인류 역사에서 문명과 국가가 생긴 것은 그리 오래 되지 않았다. 최초의 문명이라고 알려진 수메르 문명이 메소포타미아, 지금의 이라크 지역에서 출현한 때가 지금으로부터 5, 6천 년밖에 되지 않는다. 그런데 수메르 문명은 왜 이 지상에서 사라져버리고 말았을까.

근대 이전 석탄과 석유가 주요 에너지로 쓰이기까지 사회와 국가의 에너지는 나무였다. 물론 중동이라고 서양인들이 지칭하는 메소포타미아 황금의 초승달 지역도 지금은 황량한 사막지대로 변했지만 예전에는 거대한 삼나무 숲이 우거진 원시림 지역이었다.

수메르인들은 나무로 도시국가를 건설했다. 벽돌과 석회를 만드는 데 나무가 들어갔고 나무로 집을 짓기도 했다. 그릇을 나무로 만들고, 농기구와 공예품, 칼과 창과 방패를 만드는 데도 나무가 쓰였다. 음식을 만들 때도 유리를 만들 때도 수레바퀴와 배를 만들 때도 나무가 들어갔다. 당연히 수메르 사람들은 에너지 자원인 나무를 엄청난 양으로 베어냈다. 수메르는 건설 초기부터 끊임없이 나무와 숲을 학살한, 그리고 애석하게도 나무와 숲을 다시 복원하지 못한 지속 불가능한 문명으로 건설되었다.

도시 주위에 나무가 사라져버리자 수메르 사람들은 멀리 떨어진 숲까지 원정을 가서 나무를 베어왔고 나중에는 나무를 거의 전부 수입에 의존하게 되었다. 숲이 사라지자 햇빛과 바람과 비에 토양이 침식되면서 농지는 급속하게 소금기 많은 땅으로 변해버리기 시작했다. 울창한 메소포타미아 삼림은 천천히 사막으로 변해갔다. 그리고 이윽고 수메르 사람들은 수메르라는 도시 자체를 포기하고 새로운 숲을 찾아 떠날 수밖에 없었다. 수메르에 이어 차례로

우르크 도시국가가, 우르, 라가시 등등의 도시국가가 역사에 등장한 것은 그렇게 주변 삼나무 숲을 자양분으로 흥망성쇠가 되풀이된 역사였던 것이다.

이런 도시국가 건설과 숲 파괴, 그 결과인 도시국가 멸망의 정형화된 역사는 메소포타미아 전 지역, 이집트, 그리스 도시국가들, 로마, 앙코르와트 등 아시아 국가들, 그리고 마야 문명을 비롯한 아메리카 원주민 문명에까지 그대로 이어져 그 뒤로도 똑같이 반복된다.

서양인들이 이스터섬으로 이름 붙인 태평양의 고립된 라파누이 섬 역시 한 때는 모아이 상으로 상징되는 발달된 문명을 건설했다가 숲을 완전히 파괴하면서 다시 수렵채취 시대로 되돌아가야만 했다. 라파누이에서는 결국 식량부족 때문에 끔찍한 카니발리즘식인풍습까지 나타나게 되었다.

수메르 사람들은 왜 나무와 숲과 농토를 지속 가능하게 사용하지 못했을까. 왜 라파누이 사람들은 생태순환의 삶을 깨닫지 못했을까. 그리고 바로 지금 이 순간 우리는 왜 미래에 대한 어떤 배려나 성찰도 없이 미래 세대의 저금통장이기도 한 석유를 도둑질해 마구 써버리면서 수메르와

라파누이처럼 붕괴의 종말을 향해 전속력으로 질주하고
있는 것일까.

석유정점 Peak Oil, 자원정점, 물정점. 모든 것의 정점

석유는 19세기 중반에 땅 속에서 처음으로 캐내기 시작
했다. 그리고 하루 10만 배럴 이상의 대형 유전에 석유가
뿜어져 나오기 시작한 것은 1901년 미국 텍사스의 스핀들
탑에서부터였다. 그 이후 석유는 1백년이 넘게 자본주의
산업 문명을 건설한 주춧돌이었다. 물론 그러기 위해 석유
는 값싸게 공급되어야 했다.

석유 문명의 대표자는 처음부터 미국이었다. 미국이 가
장 앞선 자본주의 산업국가로 급속하게 발달하게 된 것은,
그리고 2차 세계대전 이후 미국이 세계의 경찰국가로서
누구도 넘볼 수 없는 제국으로 군림하게 된 것은 다름 아
닌 석유의 힘이었다.

미국은 자국 대통령 부시 George Bush, 1946~ 가 인정하고

있듯이 석유에 중독된 국가다. 미국의 석유재벌들은 석유 소비를 촉진하기 위해 그 옛날 촘촘히 그물망처럼 연결되어 있던 철도회사들을 사들여 철도노선 자체를 폐쇄해버렸다. 오늘날 미국은 대중교통이 없는 자동차 사회다. 그리고 이것이 미국의 비극이자 곧 붕괴되지 않을 수 없는 미국의 아킬레스건이다.

오늘날 전세계 석유는 사람들에 의해 지금까지 거의 절반, 대략 1조 배럴 조금 못되게 소비되었다. 전세계 석유 매장량은 발표기관과 사람에 따라 천차만별이다. 국제에너지기구IEA는 2조 6천억 배럴, 미국지질조사연구소는 3조 1천억 배럴, 저명한 학자인 콜린 캠벨은 2조 5천억 배럴로 본다. 흔히는 2조 배럴 조금 넘는 것으로 추정한다. 인류는 수백만 년에서 수억 년에 걸쳐 만들어진 자연의 보물인 석유를 1세기라는 그야말로 찰나와도 같은 짧은 시간에 소양댐 44개가 가두고 있는 물의 양 만큼을 연기로 날려보냈다.

2007년 전세계 석유 생산량은 하루 약 8,150만 배럴 정도로 추정된다. 추정치로밖에는 말할 수 없는 까닭은 전세계 원유생산 국가들은 지금까지 한 번도 정확한 석유생산량을 공개한 적이 없기 때문이다. 산유국들의 석유 관련 자료는 예외없이 최고급 비밀이다. 러시아에서는 석유 관련 정보를 누설하면 7년 징역에 처해진다. 그래서 석유생산량이 정점에 언제 도달할 것인가 하는 석유정점Peak Oil 시기를 놓고 전세계에 걸쳐 논쟁이 벌어지고 있는 것은 너무나 당연한 일이다. 석유는 명확히 유한한 자원이며, 석유의 고갈은 곧 정치, 경제, 사회, 문화 등 전체 자본주의 산업 문명의 운명과 직결되어 있기 때문이다. 이미 정점을 지났다는 비관론에서부터 아직도 멀었다는 낙관론에 이르기까지 이것도 천차만별이다. 대체로 석유정점은 2010년에서 2020년 사이 어느 지점일 것이라고 주장하는 사람들이 가장 많은 편이다.

석유정점은 어느 날 갑자기 일어나는 경천동지의 사건이 아니다. 왜냐하면 그때그때 다양한 요인에 따라 석유 생산량은 늘었다 줄었다 개마고원처럼 서구에서는 플래토plateau 라고 한다 오르락내리락 하기 때문이다. 몇 년에 걸친 석유의 공급량을 살펴보고, 공급량이 더 이상 증가하지 않고 평평한 선을 그리거나 하강곡선을 그리기 시작하면 그제서야 비로서 이제 석유 생산은 정점을 지났음을 알 수 있게 된다. 물론 고유가가 석유 생산을 자극해서 생산량이 다시 늘어날 수도 있다. 그러나 석유가격이 오르는 데도 공급량이 더 이상 늘어나지 않을 뿐만 아니라 그런 현상이 지속되면 더 이상 부인할 수 없는 석유정점이 마침내 닥쳐왔음을 그제서야 인식하게 된다.

그런데 지난 수십 개월 동안 석유 생산 곡선은 대체로 개마고원처럼 평평한 톱날선을 그리면서 정체되어 있었다. 이런 현상이야말로 석유정점의 도래를 알리는 가장 확실한 징표이며 이것이 일부에서 이미 석유정점이 도달했다고 주장하는 근거이기도 하다. 미국을 비롯해서 리비아, 베네수엘라, 인도네시아, 알제리, 이란, 멕시코, 노르웨이, 영국, 나이지리아 등등 이미 전세계 50개 남짓 산유국 가운데 그 절반 정도의 나라에서 석유 생산량은 정점을 지났다. 세계 최대의 석유 생산 국가인 사우디 석유도 이미 작년에 정점에 들어섰다는 주장이 나오고 있는 지경이다. 석유 발견의 정점도 이미 1963년에 지났다. 1990년 이후 발견된 유전의 평균 규모는 5천만 배럴에 지나지 않는다.

석유정점에 도달한 것이 확실해지는 순간 자본주의 산

업국가와 사회는 불가피한 혼돈과 패닉 상태를 겪지 않을 수 없다. 지금까지 자본주의의 풍요를 마음껏 누리던 사람들도 불가피하게 변화된 생활을 강요받지 않을 수 없다. 어쩔 수 없이 그동안의 경제성장 체제와 석유를 주춧돌로 건설된 산업구조 자체를 근본에서부터 다시 재편하지 않을 수 없기 때문이다.

고갈되는 자원은 석유만이 아니다. 철, 구리, 아연, 보크사이트 등등 모든 자원이 빠르게 고갈되고 있다. 뿐만 아니라 화석연료를 그야말로 미친듯이 마구잡이로 불태운 결과 지구는 점점 더워지고 있고, 기후변화의 파국은 어디까지 갈지 짐작조차 못하게 되었다. 게다가 석유화학제품에서 나온 환경호르몬은 먹이사슬을 통해 청정지역인 북극곰을 불임으로 만들고 나아가 사람과 모든 생명체를 기형과 불임으로 몰고 가고 있다. 우리는 지금 우리 자식들의 미래를 학살하면서 우리 자신뿐만 아니라 지구 생명체 전체를 멸종으로 몰고 가는 파괴의 삶, 자살 문명의 삶을 살고 있는 중이다.

석유정점의 쌍둥이,
끔찍한 식량재앙이 다가오고 있다

1940년대까지만 하더라도 농업에 농약은 거의 사용되지 않았다. 제2차 세계대전 이후 엄청난 양의 군사용 화학무기들이 재고로 쌓여 있게 되자 거대 화학회사들이 개발한 것이 다름 아닌 농약과 샴푸같은 새로운 석유화학 제품들이었다. 이때부터 농약은 논과 밭, 그리고 사람 몸에 마구잡이로 뿌려지기 시작했다. 이른바 녹색혁명이란 화학비료를 투입하는 화학농업, 곧 석유농업이었다. 식량 생산에 석유가 투입되자 그 결과 식량 생산량은 2.5배에서 3배로 늘어났고, 세계 인구는 1945년 약 20억에서 오늘날 67억으로 늘었다.

식량의 90%가 석유와 가스이다. 곡물 생산에 들어가는 화석연료 에너지의 1/3은 1헥타르 당 200시간이 들어가는 사람의 노동력을 1헥타르당 1.6시간으로 줄이는 데 쓰인다. 나머지 2/3의 에너지가 곡물 생산에 들어가고 그 가운데 1/3이 비료로 들어간다. 씨앗 생산에서부터 논밭갈기, 가을걷이, 도정, 포장, 운송, 보관 등등 석유가 투입되지 않는 곳이 없다. 우리는 사실상 석유를 먹고 디룩디룩 살이 쪄서는 다이어트를 한다고 실내에서 석유로 만든 이상한 기계를 움직이며 땀을 흘리는, 참으로 괴이한 슬기동물 호모 사피엔스이 되어버리고 말았다. 게다가 먹지 않고 버리는 남한의 음식쓰레기 양은 북한 동포들의 굶주림을 모두 해결하고도 남을 양이다.

석유가 없으면 지금과 같은 값싼 비료와 농자재, 농기계는 더 이상 불가능해진다. 게다가 기후변화로 인한 가뭄, 사막화, 홍수 등까지 겹치게 되면 곧바로 식량 생산은 급격하게 영향을 받게 된다. 한마디로 끔찍한 식량 재앙, 식량 전쟁의 쓰나미가 바로 코 앞에 다가오고 있는 것이다. 몇 년 전 펜타곤보고서가 상정한 석유정점 이후의 세계는 전쟁과 기아였다.

새로운 녹색혁명이란 이름 아래 유전자조작 식량이 식량 생산을 늘릴 것이란 주장이 있다. 그러나 이는 위험천만한 사기다. 사실 이른바 녹색혁명도 록펠러재단과 같은 석유업자들과 농약회사들의 자금지원으로 이루어진 석유판촉의 기획물이었다. 녹색혁명이라고 선전된 다수확 품종의 발굴이란 처음부터 농약과 비료를 주지 않으면 안 되는 품종을 만들어내는 것이었다. 그리고 또 이제 굶주리는 사람들을 대상으로 배를 불리는 곡물 교역량의 80%를 점유하는 5대 곡물 회사들과, 몬산토와 같은 유전자조작 종자와 농약생산 다국적 기업들이 끔찍하게도 새로운 녹색혁명을 부르짖고 있는 중이다.

그동안 녹색혁명이라는 허울 좋은 이름 아래 각 지역의 환경에 적응해왔던 전통농업과 가족소농은 완전히 파괴되었고, 다국적 곡물메이저의 노예로 전락되어버리고 말았다. 유전자조작 농업 또한 마찬가지다. 이윤에 눈이 먼 이들 메이저들은 소농의 파괴를 넘어 이제는 유전자조작 작물을 가지고 유전자 오염으로 지구 전체의 생태계를 파괴하려 하고 있다. 현대 자본주의의 과학기술을 이용하는 석유농업, 유전공학농업은 사실상 인간과 자연을 극한까지 착취하는 착취농업이며, 소수의 석유메이저, 곡물메이저들의 이윤 때문에 수많은 사람들이 굶주리고 비참하게 생활하다 죽어야만 하는 흡혈귀 농업에 다름 아니다.

이미 석유정점보다도 더한 석유고갈 사태를 경험한 두 나라가 있다. 북한과 쿠바의 경험은 우리에게 타산지석이다. 1990년대 초반 구소련이 붕괴되자 구소련으로부터 석유를 거의 공짜에 가깝게 공급받고 있던 북한과 쿠바는 하루아침에 석유공급이 끊기고 말았다. 이후 석유중독증 사회주의 체제였던 두 나라가 겪은 끔찍한 금단현상에 대해서는 널리 알려져 있다. 북한은 수십만의 아사자가 발생하면서 해마다 식량위기를 반복해서 겪고 있고 아직도 비료와 농약을 지원받아야만 하는 실정이다. 반면에 쿠바는 유기농으로 전환, 최소한 굶어죽는 사람은 없는 새로운 탈석유사회 실험에 성공했다. 석유정점을 눈앞에 둔 시점에서 쿠바의 선택이 주목을 받는 까닭이 여기에 있다.

자 본 주 의 는 오 직 노 예 만 을 필 요 로 한 다

우리가 살고 있는 자본주의 사회는 사실 사회가 아니다. 자본주의는 사회, 공동체를 파괴해야만 성립되는 특수한 경제체제이다. 실제로 자본주의의 역사는 전 세계 모든 공동체를 남김없이 파괴해나가는 역사였다. 자본주의의 목표는 오로지 이윤이며 자본주의 기업은 이윤을 위해서라면 국가와 사회를 서슴지 않고 파괴한다. 무슨 인간에 대한 배려니 이웃의 정이니 공동선이니 사회정의니 하는 가치는 쓸모없고 거추장스러운 휴지에 지나지 않는다. 자본주의는 사회를 모래알로 분쇄시킨다. 굳이 말을 붙이자면 자본주의란 모래알들이 모인 사막사회이다.

실제로 서구에서 자본주의는 농업공동체를 파괴하고 농민들을 이른바 자유로운 노동자로 해방시키면서 성립될 수 있었다. 말이 해방이고 자유로운 개인이지 사실은 가진 것이라고는 몸뚱이밖에 없는 사람들에게 부여되는 유일한 자유란 자본가에게 노동력을 팔든지 굶어 죽든지 양자택일하는 자유밖에는 없다. 개인주의란 그 시초부터 극단의 모래알을 지향하는 자본주의의 이념이었다는 사실을 상기해야 한다.

자본주의는 결국 끊임없이 수많은 잉여 인력, 실업자들을 방패로 일회용 소모품에 지나지 않는, 붕괴된 건물의 시멘트 조각처럼 파편화된 저임금 노예들을 양산하는 노예 체제이다. 자본주의는 처음부터 노동자들에게 진정한 사람다운 삶을 불가능하게 만드는 체제였다. 그리고 노예사회에서 진정한 민주주의는 어불성설이며 노예의 신세로서 민주주의를 지키고 꽃피운다는 것도 불가능한 꿈이다.

자본주의 체제에서 살아남기 위해서 사람들은 자본주의에 적응해야 하며, 만인의 만인에 대한 살벌한 무한경쟁을 지고지선의 가치로 내면화시키지 않으면 안 된다. 자본주의의 착취경쟁은 노동자 개개인의 근육을 남김없이 활성화시킬 뿐만 아니라 사회와 지구생태계 자체도 눈이 어지러울 정도로 점점 더 빠른 속도로 활성화시켜 고갈시키는 놀라운 증식력을 갖고 있다. 자본주의가 석유에너지를 추진력으로 삼아 무한 속도의 경제성장을 지속해온 까닭이 바로 이런 근육강화제 같은 자본주의의 무한 이윤 추구 속성 때문이다.

자본주의 사회에서는 늘 실업자가 넘쳐난다. 그래야만 임금노동자들을 경쟁시키고 저임금을 주어도 찍소리 못하기 때문이다. 도처에 넘쳐나는 게 극빈층과 노인, 실업자, 비정규직 등 사람 취급도 못받는 잉여인간들이다. 거리의 노숙자는 아예 쓰레기 취급도 받지 못한다.

말은 민주주의 사회라고 하지만 민民은 주인이 아니라 종이다. 그저 선거 때 잠시 한 번 머리를 조아려야만 하는 무늬만 주인일 뿐이다. 부자들과 권력자들은 정반대로 옛날 왕국의 제왕보다도 더 호화롭고도 많은 권력과 금력을 휘두르고 제왕처럼 군림하며 산다. 도대체 우리는 왜 이런 자본주의를 오매불망 붙들고 살아야만 하는가.

자본주의를 비판하면 아직도 우리나라 사람들은 저놈 빨갱이 아냐 하며 색안경을 끼고 보는 경향이 있다. 그리고 아직도 철 지난 마르크스와 공산주의를 거론하려는 낡은 사람이 있는가 의아해한다. 그런 정도로 우리는 현실 사회주의의 붕괴 이후 자본주의를 불변의 체제, 자본주의 세계화를 선택의 여지가 없는 외길로 받아들이는 고정관념을 갖고 있다. 그러나 자본주의는, 그리고 자본주의 시장경제는 역사상 아주 짧은 시간에 등장한 괴물일 뿐이다. 자본주의는 만고불변의 체제가 아니며 우리들 삶을 안정되고 풍요롭게 만들어주는 만병통치의 제도는 더더구나 아니다. 오히려 자본주의는 인간의 선함과 공동선, 사회정의마저 마구잡이로 파괴하는 지극히 잔인한 제도일뿐더러 지구 생태계를 파괴하는 주범이다. 우리는 자본주의의 폐해를 제한해야 하며 나아가 자본주의를 극복하는 새로운 공동체 사회를 기획하지 않으면 안 된다.

이른바 신자유주의 시장전체주의, 시장만능주의, 금융

투기 자본주의 시대인 오늘날에는 아예 생산과는 전혀 별개로 오로지 집적된 금융자본만을 가지고 순식간에 한 나라의 전체 부를 빼앗아 가거나 서서히 농업을 말살해놓고 식량 위기를 조장하는 일도 비일비재하게 일어난다. IMF 사태가 한 예이며 최근의 필리핀, 멕시코 등지의 식량폭동이 그렇다. 이른바 지유무역이란 지역공동체 농업의 파괴와 소농의 몰락에 다름 아니다. 그리고 수많은 젊은이들을 무비판의 경쟁노예로 흡수하는 블랙홀이다. 매트릭스라는 영화에 나오는 거대한 도시의 인간배양기는 바로 자본주의 생산양식의 노동자들 삶을 우화로 표현한 것일 뿐이다. 이 순간에도 자본은 세계 각지에 빨판을 들이대고 흡혈귀처럼 노동자들의 피와 땀을 빨아가고 있는 중이다.

문제는 철 지난 좌우의 이데올로기 대결이 아니다. 석유정점 논란은 자본주의건 사회주의건 자원착취의 경제성장 체제는 붕괴될 수밖에 없다는 경고음이다. 극도의 개인주의, 극도의 이기주의, 인간관계를 파괴하는 극도의 살벌한 경쟁을 최고의 가치로 내세우는 자본주의 시장경제는 우리의 대안이 결코 아니다. 우리는 이제 전혀 다른 사회를 재기획하고 탈화석연료의 공동체를 준비하지 않으면 안 된다. 그리고 그 핵심은 사람과 사람이 서로 협동해나가는 상호부조와 호혜, 우애와 환대의 공동체 건설이다.

새로운 사회를 만드는 상상력, 국가를 바꾸는 상상력

자, 지금까지 거칠게 말한 석유중독 사회의 실상과 붕괴가 불가피한 석유 문명, 이것이 젊은 청춘들 앞에 놓인 세상의 참모습이다. 너무 한쪽으로 편향되게 세상을 바라보고 너무 일방의 모습만을 부각시켰다는 생각이 들지도 모른다. 실제 에너지 위기는 그렇게 심각하지 않고, 석기시대가 돌멩이가 없어서 청동기 시대로 넘어간 게 아니지 않느냐며 과학기술이 새로운 대체에너지를 발굴해 낼것이라고 주장하는 사람들도 있다.

그러나 단언컨대 대체에너지는 없다. 원자력도 우라늄의 가채연도는 길어야 50년밖에 되지 않는다. 나머지 핵융합이니 메탄하이드레이트니 꿈의 에너지원들이라고 늘 거론되는 것들은 1TOE의 에너지를 얻기 위해 1TOE 이상의 에너지를 투입해야 하는 하나마나한 그림의 떡일 뿐이다.

답은 명확하다. 에너지 소비를 혁명의 차원에서 줄이지 않으면 안 된다. 자본주의 대량생산 대량소비 산업사회 체제에서 생태순환의 농업사회 중심 체제로 전환을 준비하지 않으면 안 된다.

물론 이런 말에 당연히 무슨 시대착오의 농업사회냐고 비웃는, 경제학자들을 비롯한 수많은 자본주의의 이른바 전문가들이 있다. 특히 우리 사회에 너무나 많은 누런 피부 흰 가면의 친미 지식인들은 이런 말을 이해할 수도 없고 이해하려 하지도 않는다. 그러나 사회와 국가를 생태순환의 사회와 국가로 전환하는 작업은 우리가 하지 않으면 안 되는 불가피한 과제이다.

오늘날 한국경제는 에너지 소비구조의 측면에서 보면 거의 에너지 무개념 경제라고 해도 지나친 말이 아니다. 모든 산업 설비와 운영이 에너지 고갈 사태에 대해서는 전혀 아무런 대비책도 없다. 이런 경제 체제를 바꾼다는 것은 거의 불가능에 가까울지도 모른다. 그래도 우리는 그 작업을 준비하지 않을 수 없다.

역사상 자본주의의 수많은 공황과 경기후퇴는 뉴딜정책과 같은 대규모 개발 정책으로 회생할 수 있었다. 대규모 개발 정책은 값싼 에너지가 있었기에 가능한 일이었다. 에너지 공급 자체의 부족과 붕괴 앞에서는 이제 공황은 그 어떤 탈출구도 발견할 수 없다. 석유중독 체제에서 벗어나려면 오직 자유로운 개인들의 각성이 전제되어야만 가능하다. 그리고 그런 자유로운 개인들의 각성은 다름 아닌 민주주의의 토대 위에서만 가능하다.

그런데 과연 한국 사회를 민주주의 사회라고 말할 수 있을까. 2008년 미국산 광우병 쇠고기 수입으로 촉발된 촛불혁명은 오늘날 한국의 선거를 통한 대의민주주의와 정당정치의 지극히 왜곡된 민주주의 현실, 지극히 취약한 한국 민주주의의 기반을 그대로 드러낸 사건이었다고 하지 않을 수 없다. 민주주의는 선거가 핵심이 아니다. 서구 민주주의의 시원이라고 일컬어지는 아테네의 경우를 예로 들어보자.

아테네 시민들은 선거는 당연히 민주주의가 아니라는 상식을 갖고 있었다. 아테네의 모든 공직은 임기가 1년이었다. 행정부를 구성했던 7백 명 가량의 행정직 가운데 6

백 명 정도가 제비뽑기로 선출되었다. 민회를 이끌었던 400~500인의 시민대표 평의회 의원도, 501명, 1001명 1501명 등으로 구성되는 시민법정의 배심재판관들도 제비뽑기로 뽑혔다. 아테네에서 민주주의의 선출 방식은 당연히 제비뽑기였다.

아테네 시민들은 누구나 원하기만 하면 행정관에 지원할 수 있었지만 이들은 언제나 민회와 시민법정의 감시를 받아야 했고 엄격한 책임이 뒤따랐다. 1년 임기를 마칠 때는 모든 공직자들은 보고서를 작성해야만 했다. 임기 중에도 시민들은 그들에게 책임을 물을 수 있었고 직무정지를 요구할 수 있었다. 시민이면 누구나 행정관에 대한 불신임투표를 제안할 수 있었다. 그리고 만약 재임시 잘못이 드러나면 매우 과중한 벌금을 물어야 했고 권리를 박탈당했으며, 심지어는 추방당하기까지 했다.

서구 민주주의 시민혁명과 근대국가의 형성 당시 강한 영향을 주었던 루소 Jean Jacques Rouseau, 1712~1778, 몽테스키외 Charles Montsequieu, 1689~1755 등의 사상가들도 선거란 전혀 민주주의가 아니라고 강조하고 있었다. 심지어 루소는 "영국인들은 투표할 때만 자유롭고 투표용지

가 함에 떨어지는 순간부터 노예다"라고 극언을 서슴지
않았다.

그러나 근대국가의 탄생 초기 공화정을 만들면서 인민
대표를 뽑을 때 제비뽑기는 거의 거론조차 되지 않고 무
시되었다. 그리고 인민 대표의 선출 방식으로는 선거제도
가 아무런 논란도 없이 채택되었다. 그 당시 새로운 국가
를 만들 때 가장 중요하게 여겼던 가치는 다름 아닌 '인
민의 동의'였기 때문이다. 인민의 동의가 없는 왕정과 달
리 공화정은 반드시 인민의 동의가 필요했고 인민의 동의
에 걸맞은 인민 대표 선출 방식은 신의 의지나 우연이 지
배한다고 생각되는 제비뽑기가 아니라 선거였다. 여기에
는 당시 정치가들의 대다수가 유산계급이었다는 사실도
작용했다. 실제 미국 독립 당시 노동자들은 투표권도 없
었다.

선거는 민주주의의 대표 선출 방식이 아니라 엘리트 귀
족정의 선출 방식이다. 아테네 시민들도 선거란 그 본질과
속성이 시민들에게 널리 알려져 있는, 재산과 능력이 있는
유명인사들을 뽑게 되는 것으로 귀착되는 귀족정이라고
확고히 인식하고 있었다. 미국의 경우가 그렇고 서구의 경

우에도 선거를 통한 대의민주주의는 결국 엘리트 민주주의와 중우주의로 치닫게 된다는 사실을 입증한다. 물론 한국의 민주주의도 그러함을 우리는 지금 뼈저리게 체험하고 있는 중이다.

때문에 현대의 민주주의란 대의민주주의이며 민주주의의 제도란 정당과 선거라는 서구 정치학의 생각은 매우 편협하고도 위험한 제도만능주의의 사고이다. 인민의, 인민에 의한, 인민을 위한 민주주의는 길거리의 광장정치, 수많은 인민들이 모여 토론하고 소통하는 직접민주주의의 아고라를 필요로 한다. 자본주의를 극복하는 민주주의는 공동체라는 주춧돌을 필요로 한다. 민주주의는 규모의 문제가 전혀 아니다. 민주주의의 실현 주체는 국가가 아니다. 국가권력을 장악한 사람들이 투철한 민주주의자들이라고 해서 민주주의가 잘 실현되는 것이 아니다. 민주주의의 실현 주체, 실현의 핵심은 자유로운 개인들과 공동체이다. 공동체가 살아 있으면 민주주의도 살아 있다. 공동체가 죽으면 민주주의도 죽는다. 나치 독일은 국가가 사회를 흡수하고 공동체도 금지하고 오직 국가공동체만을 내세웠다. 북한 또한 공동체와 사회를 아예 국가가 통합해버린 경우이다. 결국 공동체가 사라진 국가란 파시즘에 다름 아니다.

우리가 진정 사람과 사람 사이의 협동과 협업, 우애와 환대를 원한다면 우리는 국가권력을 바꾸는 일에서 시작하는 것이 아니라 자유로운 개인들의 연합으로서 공동체를 만들어나가는 일부터 시작해야 한다. 사람은 '사회적 동물'이며 이 말은 공동체가 없으면 사람은 국가 또는 기업의 노예가 될 수밖에 없다는 말을 뜻한다.

우애와 환대의 공동체는 다른 데 있지 않다. 촛불집회에서 드러나 수많은 온라인 커뮤니티가 바로 그것이다. 현실의 지역공동체, 농업공동체, 생협과 같은 협동조합, 노동조합, 공제조합 등등이 공동체이다. 우리는 이런 공동체를 현실의 지역과 직업, 다양한 분야에서도 만들어나가야 한다. 이런 공동체야말로 다가오는 에너지 고갈, 자원 고갈, 식량위기와 기후변화의 쓰나미 앞에서 그나마 우리가 서로를 위로하고 도울 수 있는 최후의 사회안전망이다. 이런 공동체야말로 전쟁과 폭력의 불길한 그림자를 지우고 우리의 가족, 이웃과 함께 생존해나갈 수 있는 유일한 평화의 보루이다. 이런 공동체야말로 민주주의가 꽃필 수 있는 기름진 터전이다. 우리는 다가오는 파국을 대비하기 위해서라도 지금 당장 자신의 생활터전에서부터 다양한 우애공동체를 건설하는 일에 나서야 한다.

노예로 죽을 것인가, 자유인으로 살 것인가

우리에게 내일이 있을까. 우리에게 미래가 있을까.

앞날이 어떻게 될지 정확히 예측할 수 있는 사람은 아무도 없다. 이 세상은 늘 새롭게 변화한다. 과거와 똑같은 현재는 하나도 없으며 현재와 100퍼센트 동일한 미래도 있을 수 없다. 붓다가 설파한 무상無常은 허무가 아니라 변화다.

변화의 요인은 너무나 많고 사람의 능력으로는 전혀 파악할 수 없는 것도 수를 헤아릴 수조차 없이 많다. 때문에 미래란 인간 능력을 넘어서 있는 불가지의 영역, 신의 영토이다. 아무리 과학이 발달하고 사람이란 종이 과학기술을 무기로 지구 전체를 정복했다고 해도 바로 그 순간 정복이란 말이 얼마나 허망하고 오만한 망상인지 지금의 기후변화가 온몸으로 보여주고 있다.

젊은이들 앞에는 수많은 변화의 길이 놓여 있다. 직업도 수만 가지이다. 그러나 진정으로 변화를 원한다면 어떤 직업을 가질 것인가를 생각하기 앞서 어떤 삶을 살고 어떤 변화를 선택할 것인가를 먼저 생각하는 것이 현명한 태도다.

오늘날 대학생들은 고시와 취직시험에 목을 매고 중·고등학생들은 세칭 일류대학을 가기 위해 청춘을 죽이며 학교를 다니고 있다. 이 무슨 거대한 노예 양성의 집단수용소란 말인가. 자본주의 기업에 자진해서 노예가 되기 위해 꽃다운 청춘의 시간을 보내는 것은 미친 짓이다. 주식회사란 수많은 다른 사람의 불행을 자신의 행복으로 삼는, 수많은 사람들의 고혈을 짜내 자신의 배를 채우는 인간착취, 자연착취의 도구일 뿐이다. 자신이 진정으로 이 땅에서 하고 싶은 일이 있다면, 그리고 그것이 사업이라면 차라리 뜻에 맞는 사람들끼리 뭉쳐 협동조합을 만들어 사업을 하는 게 차라리 낫다. 협동조합은 주식회사를 극복하는 공동체 사회의 가장 강력한 대안이다.

만약에 직업을 가지려면 무엇보다도 농사꾼이 되라고

권하고 싶다. 음지가 양지되고 가장 천한 사람이 가장 귀한 사람이 되는 것이 변화의 이치다. 벌써 웬 허무맹랑한 소리냐는 소리가 들리는 듯하다. 그렇게 생각하는 사람들은 아직도 눈앞에 다가온 에너지·식량위기의 쓰나미를 보지 못하고 있는 장님들이다. 두고 보라. 쌀을 빼면 5퍼센트에도 못미치는 식량자급률, 이건 재앙이다. 곧 농사꾼들이 최고의 직업이 되는 세상이 도래한다. 요즈음 귀농하는 수많은 사람들은 미래를 내다보는 선견지명의 자유인들이다. 모름지기 젊은이라면 벌써 굳이 농사꾼을 생각할 필요도 없다. 삶의 다양함과 풍요로움은 물질에서 비롯되는 것이 아님을 깨닫는 여행, 내면의 치열한 여행이야말로 젊음의 양식이자 특권이다. 그것은 혼돈일 수도 있지만, 그런 혼돈에서 새로운 질서가 나온다. 그러나 어떠한 경우에도 자동차는 소유하지 말라. 자동차를 소유하는 순간 젊음은 자동차와 속도의 노예 신세로 전락한다. 대신 걷거나 자전거를 타고 얼마나 사람들이 자연을 파괴하고 있는지 둘러보는 것이 훨씬 자유로운 삶이다. 노예로 죽을 것인가, 자유인으로 삶을 누릴 것인가. 선택은 온전히 스스로 해야 한다.

끝으로 무엇보다도 이런 두서없는 남의 글이나 남이 쓴 책은 과감하게 버려라. 그리고 자유롭게 젊음 스스로 생각하고 무소의 뿔처럼 스스로 밖으로 걸어나가라.

박승옥

- 1982년 돌베개 출판사 편집부장을 역임했다. 1980년대 서울노동운동연합 기획실장, 전태일노동자료연구실 대표 등 민주화운동과 노동운동에 참여했으며 1992년 귀농하여 이후 10여 년 동안 농사를 지으며 농촌생활을 했다. 2002년 민주화운동기념사업회 수석연구원으로 활동했으며, 2005년부터는 재생가능에너지 시민기업인 '시민발전' 대표를 맡아, 농업 및 에너지의 자립·자치와 한국사회의 생태적 전환을 위한 풀뿌리 운동에 헌신하는 한편 전태일기념사업회 운영위원으로 활동하고 있다. 2007년에는 『잔치가 끝나면 무엇으로 먹고 살까』를 출간하며 한국사회의 환경과 생태적 전환을 위한 고찰을 담아냈다.

내일의 역사를 담당할
사랑하는 젊은이들에게

김낙중 | 평화통일운동가

삶, 자연, 겨레

21세기의 역사를 담당할 주역은 2008년 현재의 20대와 10대 이하의 청소년 여러분들입니다. 여러분들이 앞으로 어떻게 살아가느냐에 따라서, 21세기 우리 민족의 역사, 나아가 우리 지구촌 인류의 역사는 아름다운 행복의 동산이 될 수도 있고, 무서운 파국의 종말을 맞을 수도 있습니다.

인류 문명사가 진행되기 이전 원시시대에는 인류가 스스로 자신들의 운명을 결정할 능력이 극히 제한적이었습니다. 왜냐하면 비록 한 사람이 자기 자신의 운명 또는 자기 주변 몇 사람의 운명을 파멸의 나락으로 떨어트릴 수는 있었지만, 다른 많은 사람들의 운명을 함께 좌우할 수 있는 것은 아니었기 때문입니다. 그러나 수천 년 오랜 세월 동안 인류의 문명사가 추구하여 획득한 과학기술 문명의 발달은 위대한 창조력과 더불어 무서운 살상파괴력을 만들어냈기 때문에 인류는 스스로의 운명을 결정하는 주체가 된 것입니다.

우리들, 사람의 '삶'은 운명적으로 '자연' 속에서, 그리고 '겨레族=족'라는 사회 속에서 영위될 수밖에 없습니다. 즉 우리의 삶은 부모의 몸을 통해 땅이라는 대자연 속에 태어나고, 그 대자연을 떠나서는 살 수 없습니다. 그리고 또 사람은 '겨레'라는 사회 속에 태어나고, 그 겨레를 떠나서는 살 수 없는 것입니다. 다만 '겨레'란 역사적으로 가족이라는 최소 단위에서 시작하여 씨족 → 부족 → 민족 → 한겨레라는 인류공동체로 점차 확대 발전되어 왔으며, 이들 겨레 구성원들은 접촉 교섭을 통해 서로의 언어를 배우고, 소통하면서 모든 사람들이 '한겨레'를 형성하며 함께 더불어 살게 되어 있습니다.

다만 사람들은 저마다 유한한 몸을 지니고 있어서, 이 지구촌의 어떤 한정된 땅에 태어나서 한정된 땅 위에서 공기와 물 그리고 음식 등 물질을 통해 부단히 신진대사하며 살 수밖에 없습니다. 그렇듯이, 사람은 또한 '가족'이라는 가장 기초적인 '겨레' 안에 태어나서, 마음이라는 의사소통 능력을 가지고, 말을 배워서 그 말을 통해서 보다 큰 겨레 구성원들과 마음을 소통하며, 함께 더불어 살아가게 되어 있는 것입니다.

그런데 수천 년 인류의 문명사는 삶의 조건인 자연을 정복 대상으로 생각하여 도구를 개발해왔고, 또 이웃 인간 집단들을 정복의 대상으로 생각하며 무기를 개발하는 일에 열중해왔습니다. 즉 인류 문명사는 수천 년 동안 '도구의 발달'과 '무기의 발달'이라는 두 바퀴로 정신없이 굴러왔다고 해도 과언이 아닙니다. 그 결과로 인류 문명사는 드디어 자연과 사회가 위기를 고하는 긴급 상황에 이르렀으며, 이제 앞으로 그 전진의 방향을 바꾸지 않으면 안 되는 한계상황에 도달하고 만 것입니다. 이것이 젊은 여러분들이 살아가야 할 21세기의 역사가 처한 오늘의 상황이라고 할 수 있습니다.

공기와 물의 오염, 자원의 고갈, 생태계의 파괴 등이 모두 자연이 사람들을 향해 경고를 외치는 소리이며, 자살폭탄 테러나, 생화학무기 및 핵무기 등 대량살상무기의 개발 확산이 우리를 향해 인류 문명사의 위기를 경고하고 있습니다. 문제는 삶의 창조질서 안에서 사람은 자연도, 이웃 인간집단들도 정복해야만 할 대상으로 여기는 데 있습니다. 이에 대해 자연과 환경을 사람이 그들과 함께 더불어 살아야 할 소중한 삶의 동반자라는 사실을 깨닫기를 요구하고 있는 것입니다.

세계 3대 문화권과 코리아의 역사

우리는 여기서 잠시 인류의 역사가 걸어온 어제의 발자취를 되돌아볼 필요가 있습니다. 아놀드 토인비는 인류 문화를 되돌아보면서 수십 개의 문화권을 말하고 있지만, 나는 인류의 문화는 크게 대분류한다면 3대 문화권이 세계사적 의미를 갖는 문화권이었다고 생각합니다.

그것은 갠지스 강과 인더스 강 주변에서 발생·발전한

인도 문화권, 황하와 양자강 주변에서 발생·발전한 중국 문화권, 그리고 나일 강변의 이집트와, 티그리스 유프라테스 강변의 바빌로니아에서 발생하여, 그리스를 거치고, 지중해 중심에 있는 로마에서 발전한 지중해 문화권 즉 서양 문화권의 3대 문화권이 바로 그것입니다. 그 밖에도 중남미 대륙의 마야 문화나 잉카 문화 등이 있었으나 세계사적 의미는 크지 않았습니다.

그런데 이들 인도 문화, 중국 문화, 지중해 문화의 3대 문화권은 저마다의 특성이 있었습니다. 그 특징들을 여기서 구체적으로 말하기는 어려우나, 나는 인도 문화는 원형(O)으로 상징되고, 중국 문화는 구형(口)으로 상징되며, 지중해 문화는 십자형(+)으로 상징된다고 말하고 싶습니다.

왜냐하면 인도 문화에서는 영구회귀, 영원, 윤회, 환생, 범신론 등이 강조되고 있는 데 반해, 중국 문화에서는 천지, 음양, 남녀, 군신, 부자 등 현실 세계의 대칭적 상호관계가 강조되고 유신론이나 범신론에 대해서는 다분히 현실론이 중심에 있음을 보게 됩니다. 또한 지중해 문화권에서는 시간과 공간이 무한으로 벌어져 있어서 창조론과 종말론이 논쟁의 중심을 차지하고, 유신론과 무신론, 관념론과 유물론이 수백 년 동안 서로 다투는 것을 보기 때문입니다.

그런데 이들 3대 문화권은 인류 문명사가 추구해온 도구 및 무기의 개발에 저마다 일정한 역할을 담당했었다고 할 수 있습니다. 특히 현대 세계를 지배하고 있는 지중해 문화권 즉, 서구 문명은 지구촌의 다양한 겨레들이 하나가 되는 과정에서 가장 큰 역할을 담당했습니다. 왜냐하면 근현대 이래 서구에서 크게 발달한 과학기술 문명과 자본주의 경제는 지구촌에 사는 모든 사람들이 서로 소통하며, 상호 의존관계를 형성하는 데 필요한 교통, 통신 수단과 자본주의적 교환경제를 비약적으로 발전시켰기 때문입니다.

그럼에도 불구하고 '서구의 몰락'을 외친 오스발트 슈펭글러Oswald Spengler, 1880~1936의 경고 이래 많은 서구인들이 인도와 중국 등 동양 문화에 관심을 가지게 되었고, 인류 문명의 방향 전환을 말하게 된 까닭은 무엇일까 하는 점을 간과해서는 안 될 것입니다.

그런데 여기서 흥미로운 것은 우리 코리아 민족은 이들

3대 문화권의 에센스라고 할 문화의 열매들을 모두 충실히 흡수하며 열심히 살아온 민족이었다는 사실입니다. 그럼에도 불구하고 우리 민족은 지금 심각한 위기 앞에 놓여 있는 것입니다.

고려왕국 시대까지는 인도 문화의 에센스인 불교를 가지고 살았습니다. 그런데 고려왕국 말기에는 불교 사원의 폐단이 나타나서 망국을 초래했습니다. 그리고 이씨 조선왕국은 불교를 배척하고, 중국 문화의 에센스인 유교와 도교를 가지고 살았습니다. 그러나 조선왕국 말년에는 다시 향교와 서원을 중심으로 하는 당파싸움 때문에 나라가 망하고 말았습니다.

그리고 근대 개화기 이후에는 서양의 기독교와 무신론이 들어와서 사회의 주류를 이루었으며, 우리 민족은 문명의 이기를 가진 강대국 일본의 식민지 노예가 되었고, 또 계속 미 · 소 강대국에 의한 분단국이 되어 동족상잔하는 비극의 세월을 살아왔습니다. 그럼에도 불구하고 사람들은 서구 문화가 제공하는 과학기술 문명의 힘을 믿으며, 그것에 의지해서 행복의 동산을 건설할 수 있다고 믿고 있습니다. 그리하여 도구와 무기의 힘을 믿고, 힘에 의지하려고 그것을 가능하게 하는 황금을 얻기 위해 전력을 다하는 삶을 살고 있는 것입니다.

그리하여 현재 우리 민족 구성원들은 지난날 선조들이 물려준 민족문화사의 유산들인 불교, 유교, 기독교, 무신론 등 다양한 정신적 유산들을 가진 채, 더불어 사는 다종교 사회가 되었습니다. 그럼에도 불구하고 현대 사회의 주류는 역시 약육강식하는 서구 문명의 열매를 가지고, 힘에 의지해서 저마다의 행복을 추구하려 하는 게 현실이라 하겠습니다.

문제는 우리가 지금까지 달려온 이 길을 다음 세대들인 사랑하는 청소년 여러분들이 그대로 답습해서 계속 앞으로 달려갔을 때 과연 21세기의 우리 민족의 역사, 나아가 우리가 그 속에 살아야만 될 세계 문명의 역사는 모든 사람들에게 아름다운 행복의 동산을 창조해줄 수 있는 것으로 믿어도 좋을까 하는 것입니다.

위기 앞에 놓인
분단 민족 코리아의 과제

역사의 내일을 담당할 사랑하는 젊은이 여러분, 지금 우리 민족은 엄청난 양의 화약고 위에 서서 두려움에 떨고 있습니다. 지난 55년 동안 우리 민족이 남과 북에서 온갖 힘을 다해서 무기를 사들이고, 무기를 개발해서 상대방에 대한 타도의 기회를 찾는 일에 열중해온 결과입니다. 그래서 지금 이 땅에는 엄청난 양의 폭약이 쌓였으며, 우리는 모두 그 위에 살고 있습니다. 때문에 서로 상대방에 대한 타도의 기회를 찾는다는 것은 이 엄청난 폭약이 폭발하여 모두가 함께 죽음을 맞는 기회가 될 수도 있다는 것을 외면할 수 없습니다. 우리는 지금 스스로가 쌓아놓은 화약고 위에서 떨고 있는 것입니다. 그리고 우리에게 이렇게 엄청난 양의 폭약을 축적하게 한 것은 인류 문명사, 특히 근대 서구의 과학기술 문명이 가르쳐준 '무기에 대한 믿음' 곧 '힘에 대한 믿음'이었습니다.

지난날 여러분의 선배들은 사람들 사이의 갈등을 해결하는 방도는 스스로 힘을 가진 자가 되든가, 아니면 가장 힘 있는 자의 편에 줄서기를 잘 해야만 된다는 생각을 가지고 살아왔습니다. 여기에서 힘이란 다른 생명 또는 다른 사람을 감동시키거나 살리는 능력이 아니라, 생명이나 사람을 살상·파괴하는 능력을 의미했던 것입니다. 그러나 젊은 여러분께 분명히 말해둡니다. 우리 선배들의 그와 같은 힘에 대한 믿음은 헛되고 헛된 것이었습니다. 도구의 힘, 무기의 힘은 다른 생명, 다른 사람을 제거함으로써 갈등 문제를 해결하는 것같이 보이지만, 그것은 일시적인 착시현상일 뿐, 상대방이 가지는 원한은 자기 자신에게로 되돌아와서 결국 모두를 파멸로 인도할 뿐이기 때문입니다.

지금 우리 민족의 주변 4대 강대국들의 참여하에 논의되고 있는 '북핵문제'도 실은 근대 개항 이래 우리 민족이 부지런히 도입한 서구 문명이 우리에게 선물한 열매입니다. 북핵문제를 원만히 해결하지 못하고, 남북 간의 갈등이 최악의 상태로 진행될 때, 지금 형성과정에 있는 '한겨레'라는 인류공동체 안에서 장차 우리 민족이 설 수 있는 자리는 찾을 수 없을 것입니다.

21세기를 맞은 우리 민족에게 있어서 남북 분단을 해결하는 문제는 결코 지구촌에 생존하고 있는 수많은 민족들 중의 하나인 우리 코리아 민족만의 문제가 아닙니다. 그것은 인류 문명사가 당면한 세계사적 문제라는 사실을 인식할 필요가 있습니다. 왜냐하면 오늘날 국제사회에서 제기되고 있는 자살폭탄 테러나 생화학무기 및 핵무기 확산 문제 등은 모두 약육강식의 문명사가 초래한 현대적 위기의 문제이기 때문입니다. 즉 사람들 사이의 갈등 문제를 무기의 힘, 그리고 그것을 뒷받침할 수 있는 황금의 힘으로 해결할 수 있다고 생각한 현대 문명의 문제이기 때문입니다.

지금 우리 코리아 민족은 남·북한의 분단 문제의 해결 없이는 더 이상 이 땅 위에 행복의 동산을 건설하는 것을 꿈꿀 수 없다는 사실을 부인할 사람은 없을 것입니다. 그리고 또 민족분단 문제를 무력의 힘으로 해결할 수 있다고 주장하는 사람도 별로 많지 않습니다. 그러나 다만 그 분단 문제를 황금의 힘으로 해결할 수 있을 것으로 생각하는 사람들은 아직도 많이 있다는 데 문제가 있습니다. 그와 같은 생각은 지난날의 세계 문명사 특히 서구 문명이 남겨준 불행한 유산에 불과합니다.

내일의 역사를 담당할 사랑하는 청소년 여러분! 여러분은 무엇 때문에 근·현대를 거치면서 서구의 '위기' 또는 '몰락'이 운위되었는지에 관해 정확한 인식을 가지시기를 바랍니다. 그리고 세계 3대 문화권의 열매들을 두루 섭취하면서도, 한 번도 이웃 민족을 침략한 일 없이, 끈질기게 이 땅에서 오랫동안 살아온 평화애호적인 코리아 민족이 분단 문제를 스스로 평화적으로 해결하고 진정으로 살길을 찾자면, 갈등하는 사회집단 간에 약육강식이 아니라, 화해상생의 길을 통해서 민족의 평화통일을 이룩하는 모범을 보여서, 21세기 세계평화 건설에 선구자의 역할을 담당해야 할 과제가 있다는 세계사적 사명감을 가져주시기 바랍니다.

김낙중

• 1931년 경기도 파주에서 태어나 고려대 경제학과와 동 대학원을 졸업했다. 1954년 남북한 쌍방에 평화통일호소문 전달을 시도하려다 치안국 특정과에 구속되면서 평화통일운동을 본격적으로 시작했다. 1955년 북한을 다녀와 간첩 및 국가보안법 위반 혐의로 구속되었다가 풀려났고, 이후에도 민족의 통일을 위한 다양한 활동을 하며 옥고를 치렀다. 현재는 평화통일운동가로 활동하며 평화통일시민연대, 영세중립통일협회, 한반도 평화통일을 위한 국회의원 시민단체협의회의 고문을 맡고 있다. 주요 저서로는 『굽이치는 임진강』, 『사회과학원론』, 『민족통일을 위한 설계』 등이 있으며 최근 『민족의 형성, 분열, 통일』을 발간했다.

그대에게도 길은 있으리

김규동 | 시인

못 받 는 사 람 의 슬 픔

나는 유년 시절에 머리가 나빠 집안에서 "저 애는 멍텅구리다. 어쩌면 천치인지도 모르겠다"라는 소리를 자주 듣곤 했습니다. 책은 보려고도 하지 않고 글은 한 자도 배우려 하지 않았습니다. 가끔 누님들이 노래를 부를 때도 그 가사를 외운 게 하나도 없어 따라 부르는 일도 없을뿐더러 괜히 누님들이 아니꼬운 생각에서 "그만 둬, 듣기 싫어!"라며 시비를 걸곤 했지요. 그러면 누님들은 노래 부르는 것을 멈추고 "에잇, 낙제쟁이!" 하며 나를 놀렸습니다.

'낙제쟁이'란 내가 초등학교 1학년을 두 번 다닌 것을 가지고 하는 말입니다.

초등학교 2학년 개학날이었어요. 작은 누님이 나를 데리고 학교에 갔는데 운동장에서 웬일인지 2학년 줄에 세우지 않고 새로 등교하는 어린 애들이 서 있는 줄에 나를 갖다 세우더군요. 내가 2학년 애들한테 가겠다고 하니 낙제를 해서 다시 1학년을 다녀야 한다고 했습니다. 이렇게 되어 나는 할 수 없이 1학년을 두 번 다니게 된 것입니다.

그 시절에는 각 학급에서 낙제를 하는 아이가 한둘 있긴 했지만 1학년에서 낙제하는 아이는 거의 없었습니다. 그러니 어리기는 했지만 얼마나 창피한 일이었겠습니까. 오죽이나 머리가 나빴으면 그렇게 되었을까요.

동네에서든, 집안에서든 모두가 나를 이상한 눈으로 바라보는 것 같았습니다. 하지만 단 한 사람 어머니만은 나를 보면 그냥 웃기만 했습니다. 지금도 나는 그때 어머님의 미소를 다 이해하지 못하고 살아갑니다. 왜 그렇게 빙긋이 웃기만 하셨는지 지금 생각해도 알 길이 없어요.

누님들이 어떤 일 때문에 나와 싸울 때는 반드시 '낙제쟁이'라고 놀리면서 달아났습니다. 그러면 나는 더욱 화가 나서 빗자루를 들고 쫓아다니며 누님들에게 '죽여버린 다' 고 소리를 쳤습니다. 그럴 때마다 소란을 들은 아버지 가 진찰실에서 나와 "규동아, 이놈! 그만두지 못하겠니. 그 빗자루 내려놓아라"라고 하셨지요. 하지만 아버지는 야단만 치시지 때리는 일은 결코 없었습니다.

당시 아버지는 하루 30~40명의 환자를 보는 병원을 운 영하셨습니다. 한밤중이라도 중환자가 있을 때는 10리, 20리 길을 농부가 가져온 소달구지를 타고 왕진을 가셨습 니다. 지금도 때때로 눈이 펑펑 내리는 겨울밤, 아버지를 따라 이불을 뒤집어쓰고 달구지에 앉아 환자의 집에 가던 생각이 나는군요. 그때 아버지는 내게 조용히 말씀하셨습 니다.

"너는 의사가 돼라. 손재주가 좋으니 외과를 하면 되겠 다. 네 동생은 내과를 하면 무척 좋겠다." 그럴 때면 공부 를 잘하지 못했던 내 가슴은 뜨끔거렸습니다.

공부를 못하니 자연히 학교 가기가 싫었습니다. 아이 들은 우락부락 성질이 거칠었고, 선생님은 엄하고 무서웠 습니다. 당시 학교 선생님들은 아이들에게 쉽게 매를 들 었고, 공부 못하는 아이에게 애정을 쏟는 일이란 없었습니다.

나는 특히 산술수학을 잘 못했는데 선생님은 유독 나를 불러내어 "99×8은 몇이냐 칠판에 나와 써봐라"라는 식의 질문을 많이 했습니다. 대부분의 질문에 나는 5분이 지나도록 답을 못 썼습니다. 칠판 앞에 서 있자니까 가슴이 떨리고 두 다리가 후들거렸지요. 심지어 머리가 어지러워지면서 검은 칠판이 빨갛게 보일 정도였습니다. 그럴 때면 선생님이 내 뒷머리를 막대기로 '딱' 때리며 "저기 있는 양동이 쓰고 뒤에 나가 서 있어"라고 했습니다. 양동이를 쓰고 교실 뒤에 서 있자 아이들이 까르르 웃었습니다. 특히 여자아이들이 많이 웃더군요. 나는 그 애들이 한없이 미웠습니다.

학교에 가기 싫으니까 머리가 아프다며 하루, 이틀 수업을 빠지기 시작했습니다. 학교에 안 가는 날에는 집에서 개와 닭, 제비 들과 놀고, 목공소에서 널빤지나 각목 따위를 얻어다 썰매를 만든다거나 책상이나 닭장 같은 것을 만들면서 놀았습니다. 또, 아버지가 왕진 갈 때 타는 자전거를 분해했다가 다시 조립해보기도 하고 도끼로 땔나무를 곧잘 패기도 했습니다. 집 안에 망치소리 톱질소리가 끊이지 않았지요.

쟁기질을 하다 손이나 발을 다쳐 진찰실에 몰래 들어가 약을 바르고 있노라면 아버지가 어느 틈에 보시고 "또 다쳤구나, 어디보자. 쯧쯧쯧……" 하시며 약을 발라주셨습니다. 동네 아주머니들은 내게 썰매를 만들어달라고 하기도 하고, 집 문짝이 고장이 나도 나를 찾아와 문을 고쳐달라고 했습니다.

그렇다고 딱지치기나 군인놀이를 안 한 것도 아니었어요. 저녁밥 먹는 것도 잊어버리고 코흘리개들을 거느리고는 딱지치기를 했고, 마을 언덕에 올라가 싸리로 만든 말을 타고 백군과 청군으로 편을 짜서 군인놀이도 많이 했습니다. 빈 통조림 깡통에 못으로 구멍을 숭숭 뚫은 다음 거기에 마른 쑥을 따서 가득 채워 넣고는 불을 붙여 연기가 나게 해 빙빙 돌리면 그게 바로 전쟁터의 '독가스'였지요. 그 깡통을 들고 장난을 하다가 남의 집 산소에 불을 질러 산을 새까맣게 태운 일도 있었습니다. 불은 마을 사람들이 달려나와 간신히 껐지만 이 일은 학교에까지 알려졌습니다. 나는 혼이 날까 봐 무서워서 마침 볼이 부은 것을 기회로 이가 아파 학교에 못가겠다고 하고 드러누웠답니다.

부모님은 병원 때문에 바쁜 나날을 보내시고 누님들도 자신들의 일과가 있으니 집안에서 나는 누구에게도 공부를 가르쳐달라고 말해본 적이 없었어요. 그 시절에 학원 같은 것은 있을 리도 없었지요. 그러니 내 성적은 점점 떨어져서 어디서부터 어떻게 손대야 할지 모를 정도였습니다. 학교에서 돌아오면 책보자기책가방를 풀지도 않고 방구석에 놓아 뒀다가 이튿날 아침 그대로 들고 등교하니 이런 한심한 일이 어디 있을까요. 참으로 큰일 날 아이였지요.

어찌 되었든, 2, 3학년을 모두 마치고 4학년이 됐을 때의 일입니다. 1936년 베를린 올림픽에서 우리나라의 마라톤 선수 손기정이 당당히 1등을 했어요. 학교 선생님이 감격에 겨워 눈물을 글썽이며 하던 그날 이야기를 잊을 수 없습니다.

"손기정은 한국인이지만 일장기를 가슴에 달고 뛰지 않으면 안 되었다. 참으로 슬픈 일이다. 그러나 손기정 선수는 우리 민족의 드높은 기상을 온 세계에 드러낸 사람이다. 너희들도 손기정 선수와 같은 용기와 의지력을 가져야 한다."

선생님의 말씀을 들은 날 나는 친구(역시 공부는 신통치

않은 조무래기)들과 함께 숨찬 줄 모르고 학교 운동장을 다섯 바퀴나 돌았답니다. '나는 공부를 못하니 손기정이 되겠다'고 말이에요. '손기정이 되어서 만인의 칭찬을 받겠다.' 이것이 당시 나의 꿈 아닌 꿈이었습니다. 하지만 달리기에도 한계가 있었어요. 후에 상급학교에 가서도 달리기는 계속했으나 결국에는 큰 선수가 되지는 못했습니다. 안타까운 일입니다.

학년이 끝날 때가 되면 학교에서는 각종 상을 많이 줍니다. 우등상을 비롯해서 개근상에 이르기까지 수많은 상을 나눠줬지요. 그러나 나는 꾀병을 앓아 등교하지 않은 날이 있었기 때문에 그 흔한 개근상 한 장 받지 못했습니다. 이런 날에는 어두워질 때까지 밖에서 시간을 보내다가 해가 다 진 뒤에야 슬그머니 집에 들어가는 겁니다. 그러면 문 앞에 서 있던 큰누님이 큰 소리로 "그래 규동이는 오늘 무슨 상장을 받았니, 어디 보자" 하며 물었어요.

나는 할 말이 없고, 다만 얼굴을 붉혔을 뿐이었어요. 그럴 때면 참 슬프더군요. 나는 교장선생님이 미웠습니다.

'상을 산더미같이 만들어 나눠주는 교장선생님이 잘못

하는 거다. 상을 받는 사람이야 기분이 좋을지 몰라도 한 편으로는 못 받는 사람의 서운함도 고려해야 할 것 아닌 가. 손기정 같은 사람에게는 상을 1백 개, 1천 개 줘도 부 족하다. 그런 것이야말로 진짜 상이다. 교장선생님은 값싼 상 제도를 아예 폐지해야 한다.' 어린 마음에도 이런 울분 과 반항이 숨겨져 있었던 듯합니다.

무 정 하 고 잔 인 한 것 은 나 쁘 다

같은 반에 대룡이란 아이가 있었습니다. 나만큼이나 공부를 잘하지 못했고, 말을 더듬었습니다. 목소리가 유 난히 굵고 언제나 쉬어 있는 데다 세수를 하는 일이 없었 기에 목덜미에 항상 때가 꺼멓게 끼어 있었지요. 머리는 가위로 듬성듬성 잘랐으므로 보기만 해도 우스꽝스러웠 어요.

대룡이는 부모님이 안 계신 아이여서 할아버지가 대룡 이를 키웠습니다. 아이들에게 매를 두들겨 맞고 나서는 엉 엉 울며 길을 가다가도 옆에서 누가 "저기 대룡이 잡아가려고 순사_{일본 경찰}가 온다" 하면 그 섧게 울던 울음을 딱 그 치던 아이였습니다.

나는 노력을 안 해 공부를 못했지만 대룡이는 선천적으로 정신박약으로 태어났는지 얼른 말해 좀 바보 같은 데가 있었습니다. 말을 더듬는 데다 글_{특히 한자 섞인 것}을 읽으려고 할라치면 막 고함을 지르듯이 소리 높여 읽기는 해도 도대체 무슨 소린지 분간이 안 갔지요. 그래서 선생님들도 대룡이는 아예 가르치는 걸 단념하거나 포기한 듯이 보였습니다.

막 5학년 되었을 때 대룡이가 남문(김종서 장군이 오랑캐를 몰아내기 위해 쌓은 육진성六鎭城 가운데 하나로 서울 남대문보다는 규모가 작지만 모양은 남대문과 비슷했던 누각-저자 주) 2층에서 뛰어내렸습니다. 그때 혀를 깨문 탓에 혀가 조금 짧아졌습니다.

대룡이를 누각으로 데리고 올라간 장난꾸러기들이 "대룡아, 너 여기서 뛰어내릴 수 있어? 만일 뛰어내리면 눈깔사탕 열 개 사줄게"라며 대룡이를 유혹했습니다. 지능이 좀 모자랐던 대룡이는 아이들이 추켜세우는 바람에 2층 난간에서 무작정 뛰어내렸어요. 그때 혀를 깨물어 혀가 잘

렸지요. 아이들 말이 대룡이가 얼굴이 피투성이가 되어 우리 아버지 병원에 갔을 때, 아버지께서 눈이 동그랗게 되어 소리치셨답니다.

"우리 규동인 뛰어내리지 않았겠지?"

대룡이를 충동질하면 자기보다 큰 아이한테도 잘 덤볐습니다. 그래서 죽도록 얻어맞고 운동장 구석에 누워 뒹굴며 오래도록 울었어요. 요즘도 학교 폭력이라는 게 있어서 가끔씩 문제가 되곤 하지만 옛날에는 폭력이 참 끔찍했어요. 아이들이 싸워도 선생님들이 모르기 일쑤였기 때문에 그 폭력은 계속되었습니다. 아이들이란 어째서 누구와 누가 달라붙어 죽기 살기로 싸우는 걸 그리도 보고 싶어 하는 것일까요.

사람의 성질 속에는 무정한 것, 잔인한 것의 씨들이 박혀 있는 것일까요? 원래부터 인간성이란 그런 것일까요? 피를 보는 것을 신기하게 여기는 듯한 아이들이 나는 항상 두렵고 무서웠습니다. 나는 대룡이가 누워 뒹굴며 서럽게 울 때면 그를 일으켜서 학교 우물로 데려가 세수를 시켜줬습니다. 대룡이는 나만은 적으로 여기지 않았어요.

그렇군요. 나는 어디까지나 밤낮 얻어맞고 우는 대룡이의 동지임에 틀림없습니다. 공부 못하는 우리는 자연스럽게 같이 사는 동맹군 같은 것이었습니다.

학교 뒷산에 키 큰 소나무가 빽빽하게 들어찬 조용한 휴식처가 있었습니다. 가끔씩 대룡이는 그곳에서 피리를 불곤 했지요. 대룡이 할아버지는 옛날 독립군 나팔수였다고 해요. 할아버지가 녹슨 나팔을 집어들고 조선 독립군 군가를 옛날이 그리운 듯 두 눈을 지그시 감고 부는 것을 나는 서너 번 본 적이 있습니다. 할아버지는 퉁소와 피리 모두 잘 불었고, 대룡이의 피리는 할아버지께 배운 것이었습니다. 대룡이는 서툴지만 할아버지가 불던 독립군 군가의 가락을 그런대로 잘 따라했어요.

닐리리야, 닐리리야

우리네 설움 누가 알리요.

덩실덩실 부는 바람에

흰 옷고름만 날리네, 날리네.

대룡이가 더듬더듬 이런 쓸쓸한 노래를 부르면 같이 들

던 아이들도 어딘지 모르게 측은한 생각이 드는지 대룡이 잘한다며 어깨를 쓰다듬어 주거나 박수를 쳐줬답니다. 어제까지 "대룡, 대룡, 똥대룡!" 하며 놀리고 달아나던 아이들도 대룡이의 노랫가락을 들으면 그렇게 했습니다.

나는 대룡이가 흰 옷을 입은 걸 본 일이 없습니다. 때와 흙먼지에 절은 얼룩진 검은 옷이 언제나 대룡이의 것이었지요. 할아버지가 빨래를 하지 못하니까 자연 춘하추동 똑같은 까맣게 때묻은 옷이 아니었을까 싶습니다.

대룡이는 지금 이북에서 아직 살아 있을까? 대룡이 얼굴을 그리며 나 여기 한 번 그를 불러봅니다.

"야, 대룡아, 나 규동이다. 넌 어떻게 살아왔냐? 그래 이북은 살 만하냐? 죽지 말고 살아 있어라. 통일되는 날 만나보자!"

잘 한 다 고　칭 찬 해 주 는　사 람 을　만 나 다

5학년 때 담임은 여선생님이었는데 임신을 해서 배가 산만 했습니다. 아랫배가 무거운지 몹시 힘들어했고, 때문에 수업을 걸상에 앉아서 하곤 했지요. 몸이 불편해서인지 신경질도 심하고 가르치는 걸 귀찮아했습니다.

하루는 한 사람씩 수학 공책을 들고 선생님께 숙제한 것을 검사받는데 나는 숙제를 해오지 않아 선생님께서 '검' 자 도장을 찍으려다 말고 "안 했구나. 이런 나쁜 녀석" 하며 두 손바닥을 펴게 하고는 싸리나무 회초리로 세 번을 세게 때렸습니다. 그날 저녁에 나는 저녁을 먹으려 해도 손바닥이 너무 아프고 따가워서 숟가락을 제대로 잡지 못했습니다. 어머니가 넌지시 또 손바닥을 맞았냐고 물으시며 걱정스러워 하시더군요.

나는 통통하고 눈이 매섭게 생긴 그 여선생님이 딱 질색이었어요. 선생님이 임신을 해서 산만 한 배를 해가지고는 신경질만 부리니 다시 또 싸리나무 회초리를 맞을까 봐 신경이 곤두서고 조마조마해서 어서 한 시간이 지나갔으면 하고 마음속으로 빌었을 뿐이었습니다. 그러니 공부가 머릿속에 들어올 리 있었을까요. 나는 참 이래저래 시간낭비를 많이 했습니다. 공부를 못하다 보니 그저 선생님이 내게 질문을 할까 봐 걱정이었고, 또 복도에라도 나가 벌이라도 서게 되면 하급반 아이들 보기 창피할까 봐 곤란하더라고요.

그렇게 지내던 어느 날 나는 선생님 앞으로 불려나갔습
니다. 선생님은 내게 교단 위에 서게 하고는 전날 내가 써
낸 작문을 손에 쥐어주며 이것을 모두에게 큰 소리로 읽어
들려주라고 했습니다. 그것은 「눈 오는 날」이라는 나의
작문이었습니다.

그해 겨울에 눈이 많이 와서 이틀간 학교에 휴교령이
내려졌습니다. 눈이 많이 쌓이면 등교하기 어렵기 때문이
었지요. 눈은 계속 오고 눈보라는 온 산과 들과 길을 덮어
천지를 분간키 어려웠어요. 이런 눈 오는 날의 이야기를
내가 본 대로, 느낀 대로, 또 들은 대로 노트 두 장에 걸쳐
쓴 것이 「눈 오는 날」이었습니다.

선생님 말씀이 "이 작문은 아주 훌륭하다. 5학년 작문
으로는 최고의 작문이다"고 칭찬을 해주셨습니다. 그러면
서도 "이거 정말로 네가 쓴 게 맞겠지? 누가 대신 써준 건
아니겠지?"라며 확인하는 것도 잊지 않으셨지요.

나는 떨리는 목소리로 작문을 낭독했습니다. 다 읽었을
때 와르르 아이들이 박수를 쳐주었어요. 글 속에는 눈보라

를 가르고 날던 꿩이 전선줄에 부딪쳐 야산에 떨어진 것을 대룡이가 주워 맛있게 먹은 이야기도 잊지 않고 적어 넣었습니다. 그때 대룡이는 짐승고기를 몇 년 만에 먹어보았다면서 침까지 지르르 흘리며 "야, 꿩고기는 달더라. 그걸 먹으니까 기운이 나고 우리 할아버지는 해소병이 다 나았어"라고 신이 나 했지요.

칭찬을 받아본 일이 없는 내게 배가 산만 한 여선생님이 처음으로 잘했다고 칭찬을 해주었군요. 나는 은근히 기뻤습니다. 이제야 살 만하다는 기쁨과 희망이 생겼습니다.

읍에서 10리 떨어진 시골에 사는 외삼촌의 아들 중에 김두헌이라는 사촌 형님이 있었습니다. 문학청년이었어요. 그 형님은 시와 소설을 써서 중앙 문단에 투고도 하고 있었고, 문학에 대한 한 모르는 것이 거의 없었습니다. 나를 보면 항상 문학 이야기로 시간 가는 줄 몰라 했습니다. 나는「눈 오는 날」을 그 형님께 보여줬습니다. 그랬더니 "놀랍다. 눈보라 치는 정경 묘사가 아주 뛰어나다. 너의 학교 선생님이 이 작문을 90점 매긴 것은 잘못됐어. 90점이 아니라 100점이야, 100점" 하고 활짝 웃었습니다.

그 형님이 그렇게 기뻐하는 걸 나는 일찍이 본 일이 없었어요. 그날 이후 나는 거의 매일 작문을 한 편씩 써서 하교하는 아이들 편에 그 형님께 보냈습니다. 그러면 그 형님이 빨간 잉크로 잘못된 데를 고치고 총점을 매겨 보내는데, 100점은 없어도 90점, 85점 이상을 유지하기에 이르렀습니다. 상급 학교에 입학해서 객지로 나가게 될 때까지 나는 숱한 작문을 지어서 그 형님의 심사(?)를 받았던 것입니다.

아마 그 시기에 쓴 습작만 해도 200편 이상은 될 것입니다. 여름, 가을 등 계절에 대해서도 썼는가 하면 학교 공부가 잘 안되어 고민하는 심정이나 고통, 또는 소외감에 대한 것도 많이 썼다고 생각되는군요.

한 가지 잘하는 것은 누구에게나 있다

학교 성적은 말이 아닌데 어떻게 된 일인지 글짓기만은 소질이 좀 있었습니다. 공부 못하는 설움이 가슴속에 깊이 쌓여서 그런지 감정을 적절히 드러내어 이야기하는 기술이 남보다 좀 나았나봅니다. 그래서 이것이 재미있어서 자꾸 쓰다 보니 성인이 된 뒤에는 그만 시인이 되고 말았네요. 생각해보면 '시인'은 공부를 못했기 때문에 된 것이올시다.

어떤 사람에게도 하늘이 한 가지 재주만큼은 점지해주는 게 아닌가 싶습니다. 내 친구, 지능이 형편없어 아이들의 시달림을 받던 대룡이, 혀가 짧은 대룡이에게도 음악에 대한 소질이 있었잖아요. 바보인 대룡이에게는 하늘이 음악의 기쁨을 줬던가봅니다. 그가 이북에서 퉁소와 단소를 잘 부는 음악인이 되었을지 누가 알겠습니까. 인생이란 그런 것이 아닌가 하는 생각을 잠시 해봅니다.

나는 믿습니다. 어떤 사람에게도 길은 있다고. 삶의 참다운 길, 그 길을 만나게 될 때까지 이런저런 시련을 겪지만 이윽고는 희망을 만나게 되리라는 신념, 이것을 사랑하고 싶군요.

「몽실 언니」, 「점득이네」, 「바닷가 아이들」 등 소년소설과 동화집으로 유명한 아동문학가 권정생權正生, 1937~2007 선생이 지난해 타계했습니다. 이분은 평생 청주 교외 조탑동이란 산골에 오두막을 짓고 일생을 독신으로 소박하기 그지없는 삶을 살았습니다. 권정생 선생은 수많은 작품을 썼습니다. 분단현실을 살아가는 이 나라 어린이들의 불행한 모습을 온갖 정성과 열정을 쏟아 집필했지요. 그래서 출판사에서 많은 원고료와 인세를 보내오곤 했습니다. 하지만 그 돈을 최소한도의 생활비를 제외하고는 모두 불우아동 돕기에 사용하거나 고아원에 보내고 자신은 두 평 남짓한 오두막에 만족하면서 열심히 살았습니다.

이분은 늘 "사람은 일생 동안 공부하는 것이다. 그렇게 하는 공부를 진짜 공부로 여겨라"라고 힘주어 말하셨습니다. 학교를 졸업했다고 공부가 끝났다 하지 말고 죽을 때까지 공부를 해야 한다는 뜻 깊은 교훈입니다. 학교 다닐 때 1, 2등을 다투는 수재였다고 하더라도 출세한 다음에 책을 멀리하고 재산 모으는 일에만 열심이면 이런 낭패한 일이 어디 있겠습니까. 이런 인생은 너무 얄팍하고 깊이가 없어서 재미가 없습니다. 인생의 희로애락을 모른 채 살아가는 삶이지요.

권 선생은 어찌나 고집이 센지 문학상은 받는 것까지 거절했습니다. 서울 '색동회'에서 선생에게 아동 문학의 큰 상을 내린 일이 있었습니다. 그런데 '색동회' 회장이 직접 찾아와 놓고간 상패와 상금을 다음날 고스란히 우편으로 돌려보냈다고 하니 이 작가의 성품이 어떠한지를 알게 됩니다.

권정생 선생은 불행한 어린이들의 위대한 아버지였습니다. 권 선생의 삶과 문학에서 우리들은 많은 것을 배워야 한다는 결심을 해보게 됩니다. 자, 우리의 길을 찾아 나아가보도록 합시다.

김규동

• 1925년 함경북도 종성에서 태어나 평양종합대학을 다니다 중퇴했으며 1948년 《예술조선》을 통해 등단했다. 1951년 박인환, 김경린 등과 함께 《후반기》 동인으로 활동했으며 1974년 민주회복국민회의에 참여한 후, 자유실천문인협의회, 한국민족예술인총연합, 민족문학작가회의 고문 등을 역임하면서 민족문학 진영을 이끌어왔다. 민족분단의 현실과 학생운동, 노사문제 등 사회적인 문제를 적극적으로 형상화하면서 역사의식과 사회의식을 토대로 하는 사실주의적 민중시를 추구해왔다. 은관문화훈장(1996), 만해문학상(2006) 등을 수상했으며 저서로는 시집 『나비와 광장』, 『깨끗한 희망』, 『느릅나무에게』 등이 있고, 평론집 『새로운 시론』, 『지성과 고독의 문학』, 『어두운 시대의 마지막 언어』 등이 있다.

III
2.0세대와
시대정신

이이화
촛불문화제를 보면서 새 희망을 보았다

우석훈
우리를, 언젠가 용서해주시기 바랍니다

권오성
열정, 세상을 바꾸는 힘

기세춘
생명의 강을 순례하며 만난 10대들

하종강
노동문제가 청소년과 무슨상관인가요?

이현주
아버님께 올리는 글

촛불문화제를 보면서
새 희망을 보았다

이이화 | 역사학자

1

　지난 6월 10일 우리 친구 몇 사람이 어울려 광화문 촛불문화제 구경에 나섰다. 여기에서 '구경'이란 표현을 쓰는 것은 나름대로 각별한 의미가 있을 것이다. 우리 일행, 곧 박재승 변호사 인병선 관장 김정기 총장 등은 그 촛불문화제의 주역이 아니요 방관자라는 뜻을 드러내려 한 것이다.

　아무튼 차를 몇 번 갈아타고 우회해서 겨우 청진동 '올갱이집'에 모였다. 5시 무렵부터 종로 1가 쪽에서 계속 피켓과 깃발 행렬이 광화문 쪽으로 모여들고 있었다. 구호

외치는 소리가 올갱이집에까지 들렸다. 우리 일행은 소주 몇 잔을 기울이고 어슬렁거리면서 세종로 거리와 광화문 앞으로 나왔다. 먼저 장애인 행렬이 눈에 들어왔다. 모두 의외로 차분한 분위기였다. 이순신 동상 앞에 이르자 컨테이너 박스가 눈에 들어왔다. 나는 이를 보는 순간 베를린 장벽이 연상되었고 소통을 차단하는 상징물로 여겨졌다. 분명 길게 늘어선 컨테이너 박스는 대화를 단절시키는 도구였다.

벽이든, 바닥이든, 컨테이너 박스든 가리지 않고 공간이 보이는 곳에는 스티커가 붙어 있었는데 쇠고기 재협상과 같은 온건한 구호도 보이지만 이명박 퇴진, 이명박 타도, 이명박 탄핵 등과 같은 과격한 구호도 보였다. 심지어 자본 독재라는 신조어도 보였다. 이날의 구호는 쇠고기 문제보다도 정권과 대결하는 슬로건이 압도하고 있었다.

시간이 조금 지날수록 인파가 연달아 밀려들어 비집고 다니기가 힘들 정도였다. 한쪽에서는 기자들의 카메라가 터지고 "매국노"라는 외침이 들렸다. 쇠고기 파동의 주역인 정운천 장관이 시민들에게 사과발언을 하려다가 제지를 받고 쫓겨 가자 '매국노'라는 구호가 터져 나온 것이다. 다행히 그가 물러가자 폭행 등 불상사는 일어나지 않았다.

안치환, 양희은이 부르는 아침이슬 등의 노래가 들리고 발언이 이어지는 속에서 우리 일행은 인파를 비집고 조선일보 쪽으로 나왔다. 나는 한편으로는 많은 선전물을 챙기고 한편으로는 여중생들의 어깨를 가볍게 쳐 격려를 보내기도 했다.

그런데 조선일보 앞에서는 간간히 "조선일보 반성하라" 또는 "조선일보 폐간하라"라는 구호가 들렸다. 우리 일행은 서로 놓치지 않으려고 연신 앞에 가는 사람의 뒤를 따랐다. 시청 앞 등 외곽과 지하도 입구에는 김밥, 커피, 생수 등 여러 장사들이 대열처럼 벌이고 물건을 팔았다. 프레스센터 등 높은 건물 옥상에는 사진 찍는 기자와 시민들이 까맣게 보였다. 시청 앞에서는 뉴라이트 관계 인사들이 드문드문 모여 소리를 지르기도 하고 기도를 올리고 있는 소리가 들렸다.

우리 일행은 시청 앞 지하철 통로에서 민족문제연구소 박한용 실장과 그 가족, 서울대 한정숙 교수와 정종훈 신부 등 친지 여럿을 만났다. 우리는 가져온 사진기로 지하도 통로에서 기념사진을 찍었다. 이것도 먼 훗날 하나의 자료가 될 것이다. 사실 우리 일행은 얼굴이 좀 팔린 탓인지 한 바퀴 도는 동안, 여러 사람들에게서 인사를 받았다. 잠시 인사를 나눈 뒤 지하철을 타고 운현궁 옆 '낭만'으로 발길을 돌렸다. 늙은이들이 인파를 헤치면서 세 시간쯤 걸어다니다 보니 피로감을 느껴 낭만으로 발길을 돌렸던 것이다. '낭만'에서는 화가인 여운, 평론가인 구중서, 언론인인 성유보 그리고 이 집 주인인 김용태 민예총 이사장과 어울렸다. 오히려 거리보다 이곳 사람들이 더 들떠 있는 듯했다.

이들은 그날 집회에 참가한 사람이 50만 명쯤 될 것이라는 데에 의견이 일치했다. 우리는 이렇게 빨리 이명박 정부의 지지도가 추락하고 거부 국면이 전개될 줄은 몰랐다고들 하였다. 더욱이 쇠고기 문제가 정권 타도의 계기가 되는 것 아니냐는 우려 반, 기대 반의 말들이 터져 나왔다.

2

내가 신문을 펼치거나 인터넷을 들여다보면 등장하는 이들 장면의 소묘素描를 장황하게 늘어놓은 이유가 따로 있다. 우리의 역사는 두 시위를 통해 발전해왔다는 사실을 내가 직접 보고 들은 얘기를 통해 증명해보려는 직업의식이 발동한 것이다. 비록 부분적인 묘사이기는 하나의 작은 견문기가 될 수 있을 것이다.

나는 21년 전 6월 항쟁시기에 이 일대 곳곳을 따라다녔다. 그때 내 나이 50세가 조금 넘었는데 전경들에게 "할아버지는 빨리 들어가시오"라는 질타를 자주 들었고 나는 괜히 발끈해서 "니들은 애비도 없느냐"고 소리쳐준 적이 있었다. 그런데 이번에는 내 아들과 딸이 이 자리에 나와 한 세대가 달라졌다는 생각이 들었다. 내 아들은 붙잡혀가서 48시간 유치장에 갇히기도 하고 지갑을 털리기도 하면서 맹렬하게 사진을 찍고 아고라 활동을 벌였고, 내 딸은 거의 하루도 빠지지 않고 중심부에 참여하였는데 6월 항쟁 시기 제 아비보다 더 맹렬한 것 같다.

그런데 이런 것 말고 분명히 그때와 달라진 것이 있었다. 이를 세 가지만 요약해서 말해보자. 첫째 그때는 최루탄과 화염병이 난무했고 모두들 마스크를 쓰고 골목을 누볐다. 그리고 성공회교회 등의 동조 종소리가 요란하게 울렸고 시위대를 환영하는 자동차의 경적이 거리마다 빵빵거렸다. 그러나 이번에는 최루탄, 화염병이 사라지고 촛불과 선전물이 새로운 무기로 등장한 것이다. 비폭력을 외치는 평화집회였다.

둘째 그때의 참여자들은 학생을 중심으로 회사원 등이었는데 이번에는 부모의 손을 잡고 나온 어린애, 중·고등학생 등 디지털 세대를 중심으로 나이가 지긋한 할아버지 할머니들과 어린이를 유모차에 태우고 나온 주부들도 눈에 띄었다. 참여 계층이 다양해진 것이다.

셋째는 예전에는 쫓겨 다니느라 언론기자들 이외에는 사진을 찍지 못했는데 이번에는 곳곳에서 핸드폰으로 사진을 찍고 문자메시지로 서로 연락을 주고받고 있었으며 참여자의 발언과 토론이 곳곳에 벌어지고 있었다. 새로운 시대문화가 반영되고 있었다.

나는 이들 광경을 보고 역사학자로 직업의식이 발동했다. 먼저 촛불문화제 또는 촛불의 원조를 역사적으로 더듬어 보았다. 촛불의 원조를 캐보면 주로 종교적 행사에 의례로 사용했다. 하지만 운동사적 의미로 보면 횃불이 오늘의 촛불에 해당할 것이다. 횃불을 자기네들 의사 표시로 아주 적절하게 이용한 이들은 의적義賊 무리였다. 조선 후기 곳곳에 나타난 의적들은 출몰할 적에는 어김없이 횃불을 들고 다녔는데 자신들이 의적임을 드러내는 상징성을 지니고 있었다. 그들은 대낮에도 횃불을 들고 다녀서 명화적明火賊이라 불렀던 것이다.

이런 횃불의 의미를 아주 적절하게 이용한 세력들이 있었다. 곧 1894년 동학농민전쟁 시기 농민군들이 자신들의 행동을 알리는 데 사용하였다. 전봉준이 이끄는 농민군들이 공주로 진격했을 때 농민군들은 야영을 하였다. 이때 모두 횃불을 들고 세력을 과시했던 것이다. 당시 관군 측의 기록에 따르면 농민군들은 수십 리에 걸쳐 횃불을 들고 있었는데 '항하(불교에 나오는 인도의 갠지스 강)의 모래알처럼 많았다'고 표현하였다. 관군과 일본군들은 이들 횃불을 보고 간담이 서늘했다고 한다.

또 있다. 3·1운동 당시 만세시위를 벌인 우리 민중은 야간이나 산속에서 곧잘 횃불을 들고 자기들 의사를 표현하였다. 이들은 때로는 대낮 장터에서 시위를 벌일 적에도 횃불을 들고 있기도 하였다. 밤길을 걸을 적에는 곧잘 초롱에 초를 꽂아 들고 다녔지만 별로 밝지도 않았고 행동하기에도 불편하여 횃불로 대신하였던 것이다.

횃불은 막대기에 솜이나 천을 두르고 기름을 묻혀 불을 붙인다. 연소가 되었을 때에는 연달아 기름을 묻히면 오랜 시간을 들고 다닐 수가 있었다. 그런 점에서 보면 오늘날의 촛불은 횃불보다 이용하기도 훨씬 편리하기도 하고 평화적 시위에는 안성맞춤이 되는 것 같다.

한편 시위에 관련된 역사적 사실을 알아보자. 1898년 대한제국시기, 나라에서 러시아 등 외국에 이권을 팔아먹을 때 독립협회를 중심으로 종로의 상인과 학생들이 종로 앞과 광화문 일대에서 집회를 열어 연일 토론을 벌였다. 그동안 독립협회에서는 수백 명씩 모여 토론회를 벌였는데 1897년 1년 동안 34회에 걸쳐 토론회가 이루어졌었다. 여기에 참여한 사람들은 하급 벼슬아치, 유학을 다녀온 신청년, 각급 학교의 교사와 학생들, 장사꾼, 농민 등이었고 그들 주제는 '머리를 깎는 것이 옳으냐' 등 사회인습의 개량, 위생과 청결운동 등과 러시아에 준 두만강과 압록강의

삼림벌채권이나 절영도 저탄장 조차租借 등 국익과 관련되는 문제들이었다.

두어 가지 구체적 사례를 보자. 1898년 3월 10일 오후 2시, 종로 어귀에 있는 백목전白木廛 다락 앞으로 시민, 학생, 장사꾼들이 떼 지어 몰려들었다. 1만여 명쯤 되었다. 회의의 회장으로 추대된 쌀장수 현덕호는 여러 연사의 의견을 모아 러시아의 재정고문과 군사고문을 해임하고 군사권을 자주적으로 수행하라고 요구했고, 이에 군중은 "아라사 놈들 물러가라"는 구호를 외쳤다. 만민공동회에서는 회원들의 명부를 작성하고 회원들에게 회표會標를 배부해 귀속감을 심어주었고 더욱이 사법위원과 경찰위원을 두어 회원의 행동을 단속하기도 하고 총대위원을 두어 결의사항을 집행하는 일을 책임지우기도 했다. 이들은 처음에는 자주 독립과 사회개량 운동으로 시작해 차츰 정치 활동으로 전환했다.

또 하나의 사례로 1898년 10월 6일 경운궁 정문 앞에 있는 고등재판소 문 앞에서 연좌 철야 데모를 벌인 일을 보자. 서울 시전상인들은 외국 상인에게 치여 장사가 전혀 되지 않았다. 이에 상인들은 황국중앙총상회를 결성하고,

정부에 광통교를 중심으로 지계를 설정해 외국 상인의 통제구역으로 삼고 독점적 상권을 설정해달라는 것과 무명 잡세를 금단하는 것을 요구했다. 하지만 정부는 외국과 맺은 통상조약 때문에 허가해줄 수 없다고 결정하고, 이미 이를 허락해주겠다고 약속했던 관계자들을 해임시켜 감옥에 가두었다. 그러자 시위대는 일곱 비리를 성토하면서 종로의 상가를 철시하고 꼬박 5일 동안 철야농성을 벌인 것이다.

그때 종로 종각 앞에서 만민공동회를 열고 시위대는 지금의 남대문통과 서울역 앞을 지나 황제가 있는 경운궁지금의 덕수궁 대한문으로 몰려들었다. 당시에는 광화문에서 시청 앞으로 열린 지금의 태평로는 뚫리지 않았다. 경복궁에서 뻗은 길은 풍수지리로 보아 보호해야 한다는 생각에서 작은 등성이의 언덕길로만 통행했던 것이다. 이 길은 일제 시기 시청을 신축하면서 덕수궁을 약간 뒤로 물리고 넓혔던 것이다.

아무튼 이들이 시위를 벌일 때에는 장작불을 피워놓고 밤을 새웠으며 시민들은 거리에서 돈을 모금해 감옥에 갇힌 사람들을 도와주었고 주위에서 장사를 하던 군밤장수

들도 출연에 나섰다. 어느 독지가는 5천 냥의 거금을 내놓기도 했다. 찬양회 여성들은 주먹밥을 날랐으며 부녀자들은 김밥을 싸오고 물통을 들고 나와 나누어주었다. 만민공동회는 꼬박 1년쯤 활동을 전개하다가 정부의 사주를 받은 보부상패들에 의해 강제해산되었다.

만민공동회는 자주국권, 자유민권 사상을 바탕으로 국토와 이권의 수호, 인권의 보장, 국민의 참정 등의 활동을 벌였으니 어느 역사학자는 종로 일대를 성숙한 시민의식의 상징성이 있다고 하여 한국판 '아크로 폴리스'라고 부르자고 주장했다. 서울대학교 도서관 앞 광장을 '아크로 폴리스'라 부르는 것 보다 훨씬 역사적 사실에 부합될 것이다.

그런데 이번 서울시청 광장과 청계천 입구와 광화문 일대에서 벌어진 촛불문화제에는 '아고라'라는 토론 사이트 네티즌의 역할이 컸다고 한다. 이들을 우스갯소리로 배후세력이라고 지목하기도 한다. '아고라'는 자유게시판이나 자유토론장을 벌여 한 문제를 두고 토론을 벌여 수많은 사람들의 의견을 종합하고 행동의 지침을 삼기도 한다고 한다. 이는 개인지성이 아니라 집단지성의 한 표본이 되고 있다. 어떤가? 촛불문화제가 열린 이 일대의 거리를 아고라라고 명명하는 것도 민주광장의 의미를 살리는 한 방법이 아닐까? 아크로폴리스나 아고라는 시대가 다르고 장소가 다르지만 많은 사람들이 모여 토론을 벌이고 의견을 집하한다는 뜻에서 보면 굳이 거부할 것이 없을 것이다.

3

그동안 쇠고기 수입반대 촛불문화제를 보고 있노라면 그 진행에 따라 몇 가지 변화를 읽게 된다. 초기단계에서는 광우병에 관련된 구호가 적힌 피켓이 주로 등장했다. 그런데 며칠 사이에 '이명박 탄핵' 또는 '이명박 out'이 등장하더니 어느새 '이명박 하야' 또는 '이명박 독재타도'로 이행되어갔다. 정권 퇴진으로까지 강도가 급상승한 것이다.

직접 선거로 뽑은 노태우, 김영삼, 김대중, 노무현 등 역대 정권의 시기별 지지 추이를 보면 그동안에는 대통령 취임 100일 만에 탄핵, 타도, 하야와 같은 구호가 등장하지 않았다. 이명박 정부가 그 첫 케이스가 아닌가? 나는 두려운 마음이 앞섰다. 역대 군사정권에 맞서 수많은 피를 흘리면서 확보한 절차민주주의가 무너져서는 안 된다는 생각 때문이었다. 어떤 이유건 선거를 통해 정권을 교체하는 것은 민주절차의 기본이요, 그 전통을 확립해가야 민주방식이 무너지지 않고 정착할 것이다. 그러므로 이명박 정부를 견제해 독주를 막고 잘못된 정책을 바로잡아 가면서 임기를 채우는 지혜가 요구된다고 판단한 것이다.

그런데 현실은 그렇게 돌아가지 않고 있다. 촛불문화제가 시위로 이어지고 정권타도로 번지는 것은 광우병 쇠고기 문제만이 아니라는 사실을 시민들이 확실하게 인지하고 있기 때문이다. 다시 말해 쇠고기 수입협상을 벌이면서 부시 미국 대통령에게 선물을 안기려 의도한 것, 협상 당사자들이 대통령의 지시를 받았는지 눈치를 살폈는지는 모를 일이지만 검역주권을 팽개치고 허겁지겁 타결 지은 사실을 어린 여학생을 비롯해 모든 국민이 알고 분노하였기에 정권타도의 대열에 나섰다고 보아야 할 것이다.

자, 이명박 정부 100일 출범 사이에 벌어진 몇 가지 사실을 간단히 알아보자. 첫째, 대운하 추진을 들 수 있다.

대운하 추진 계획으로 운하지역 주변은 벌써 땅값이 천정부지로 뛰고 그 관련 지방자치단체와 건설회사들은 한몫 잡으려고 설치고 있다고 전한다. 다시 말하면 건설업자와 부동산 투기꾼들이 이미 좋은 땅을 선점하여 땅값이 치솟고 있다는 것이다. 한반도의 대운하는 자연환경만 파괴하는 것이 아니라 국가 재정 압박을 가져올 것이라고 서울대학교 대운하 반대 교수들이 주장한다. 그러니 몇몇 업자의 이권만 보장될 것이라고도 한다. 만일 이를 굳이 무리하게 추진하게 되면 쇠고기 수입협상을 반대하는 시민들보다 훨씬 강도 높은 반대열기가 치솟을 것이다. 아마도 그야말로 이를 계기로 극심한 국민적 저항과 혼란이 야기될 것임이 벌써 예견된다.

둘째, 그들은 좌파 정권 10년 동안 나라가 무너졌다고 기회만 있으면 외치고 있다. 좌파 정권이 남북 화해를 추진하면서 퍼주기로 일관했고, 여러 개혁을 단행하면서 사회통합을 해쳤으며, 과거사 청산 등을 통해 갈등을 유발했다고 한다. 여기서 그에 대한 세세한 평가를 할 수 없겠지만 남북화해를 통해 냉전과 긴장이 해소되고 제한적이나마 개혁정책으로 민주절차가 신장되고 과거사 청산작업은 오히려 갈등을 화해로 가는 계기를 제공해주고 있다는 평가들은 깡그리 무시되고 있다. 그들의 주장을 들은 많은 국민들은 현혹되어 거짓을 진실인양 믿고 있다. 게다가 먹고살기 힘든 것도 모조리 좌파 정권의 실정 탓으로 매도하였다.

셋째, 그동안 좌파 인사들에게 내준 '감투'를 싹쓸이해 찾겠다고 온통 들쑤시고 있다. 국·공영 공익단체를 비롯해 법으로 규정된 단체장과 그 관련 이사, 심지어 선출된 대학 총장과 위원장마저 갈아치우려 한다. 지금 진행되고 있는 소위 물갈이 폭은 매우 넓어 수천 명에 이른다고 한다. 그런데 정작 물갈이는 좌파들을 몰아내려는 것이 아니라 자기네 패거리들을 논공행상에 따라 앉히려는 공작이었다. 말로 통고해 듣지 않으면 감사라는 칼을 들이대고 그래도 불응하게 되면 노골적으로 압력을 넣고 그래도 불응하면 불법·탈법의 수단을 써서 몰아내려 하고 있다. 그들은 지난 정권에 밀착한 인사들도 있겠지만 전문가 그룹이 다수를 차지하고 있다. 아무튼 그 결과는 일대 사회분열을 조장하게 될 것이다. 그들이 말하는 좌파 정권에서 이런 일이 일어났었던가?

넷째, 자율화라는 이름으로 공공기관 민영화 정책을 내놓고 있다. 의료보험공단 수자원공사 등 공익기관을 민영화하게 되면 그 이권은 누가 거머쥐겠는가? 두말할 것도 없이 재벌 등 대기업일 것이다. 그 대신 서민들은 엄청난 차별대우를 받을 것이란 우려가 높아가고 있다.

다섯째, 외교정책이 미국에만 경도되어 구걸을 하는 노선에 치중하고 있다. 미국과 우리나라는 물론 좋은 동맹협조관계로 진행되어야 하겠지만 굴욕적으로 아니면 편향적으로 치달아서는 종국에는 국제적 고립을 자초하게 될 것이요, 미국도 오히려 깔보는 태도를 보일 것이다. 이명박 대통령이 중국을 순방하면서 푸대접을 받은 것도 이런 이유이며 러시아에게도 이런 대우를 받지 않는다고 보장할 수 있겠는가?

앞으로 우리는 지켜볼 일이 너무나 많다. 처음 국민에게 약속한 경제성장 수치도 자꾸 바꾸고 있고 일자리 창출도 점점 열악해지고 있다. 이런 국민에게 한 약속을 제대로 지키고 못하면서 정작 대운하 추진을 고집하고 있으니 우리 국민은 불안에 떨지 않을 수 없을 것이다. 게다가 사교육을 부추겨 공교육을 무력화하며 재벌 등 있는 자들을 위하는 경제정책을 펴서 경쟁이란 이름으로 빈부격차를 더욱 벌어지게 하고 있다. 한 나라를 경영할 적에는 정치 철학과 미래에 대한 비전이 있어야 함은 굳이 옛 교훈을 들먹일 필요가 없을 것이다. 그런데 권력을 주머니에 든 칼처럼 함부로 꺼내 쓰고 재벌에게 온갖 특권을 주면서 회사를 경영하는 수법으로 나라를 꾸려가려 한다면 그 결과는 너무나 뻔히 드러날 것이다.

더욱이 지난 정권에서 이룩한 남북의 합의를 엎어버리고 냉전체제로 몰입한다면 우리 사회는 더욱 불안해 질 것이며 평화통일도 더욱 멀어질 것이다. 북한정권을 미워하거나 싫어하는 것과 평화로 유도하는 것과는 별개의 문제가 아닌가? 이런 인식의 전환이 요구된다.

자, 우리는 이명박 대통령이 탄핵을 받는 일을 바라지 않으며 이명박 정부가 타도되기를 바라지도 않는다. 우리가 바라는 것은 총체적 부실이 무엇인지 현 정부가 지금이라도 깨달아 버릴 것은 버리고, 추진할 것은 추진하고, 바로잡을 것은 바로잡아 21세기 첫 시기를 올바로 이끌어가는 것이다. 신자유주의와 경쟁, 빈부격차와 소외계층, 국민복지와 비정규직 등 여러 꼬인 문제를 합리적 균형적으로 풀어가면 불행스런 사태를 미봉할 수 있을 것이다.

그런 뒤 다음 공화국에서는 민주시대에 걸맞은 인물을 대통령으로 뽑아 역사를 한발 발전시키는 계기로 삼아야 할 것이다. 그렇게 되면 우리는 좌절의 역사가 아니라 희망과 진보의 역사를 만들어내는 성숙한 국민임을 자부해도 좋을 것이다. 그때는 지금 촛불문화제에 참여한 중·고등학생들이 유권자로 투표하는 세대가 될 것이니 기대해도 좋을 것 같다.

이이화

• 역사학자. 역사문제연구소장과 서원대 석좌교수를 역임했으며 현재는 동학농민혁명기념재단 이사장을 맡고 있다. 역사학자로서 역사 대중화에 앞장섰으며 한국통사인 『한국사 이야기』(전 22권) 등 많은 저술을 펴냈다. 현재는 10권 계획의 시리즈물인 『인물로 읽는 한국사』 집필에 열중하고 있다.

우리를, 언젠가 용서해주시기 바랍니다

우석훈 | 경제학자

1

저는 이제 나이 마흔이 된, 별로 두드러질 것이 없는, 가난한 시간강사입니다. 물론 저도 촛불문화제에 가끔 참여하기는 하지만, 하지만 아무런 두드러짐 없이, 조용히 가서 머리 숫자를 채워주고 있다가 조용히 집에 오는, 그냥 하늘에서 내려다본 그 수많은 촛불 중에 어느 하나가 내가 들었던 한 점이겠거니 생각하면서 집에 들어오는 사람입니다. 그러므로 제가 여러분들에게 특별히 더 할 얘기도 없고, 또 당부할 얘기도 없다고 보는 것이 맞을 것 같습니다. 그중에서 특별한 기억은, 이 촛불문화제가 처음 시작하던 날의 기억입니다.

집회에 사람이 너무 없을 것 같아서 제 주변의 만화작가 몇 분과 함께 갔었는데, 그때 청계광장에서는 두 그룹의 집회가 벌어지고 있었습니다. 앞쪽에서는 10대들이 직접 준비했던 집회가 벌어지고 있었고, 뒤쪽에서는 예의 시민단체에서 진행하던 집회가 벌어지고 있었습니다. 두 개의 집회는 앞쪽에는 사람이 굉장히 많았고, 뒤쪽은 사람이 별로 없었다는 것 외에는 크게 다르지 않았습니다. 굳이 한 가지 더 꼽으라면 앞쪽의 집회가 좀더 열기가 있었다는 정도일 것입니다. 게으른 저는 당연히 사람들이 한산한 뒤쪽에서 특별한 생각 없이 앉아 있었습니다. 지나가던 몇몇 사람이 저를 알아보고, 한심하다는 듯이 "왜 이렇게 재미없는 쪽에 앉아 있느냐, 저 앞에 가면 재미있다"고 이야기를 해주더군요.

양쪽 집회 모두 중·고등학생으로 보이는 여학생들이 대부분을 차지하고 있었습니다. 우리 모두는 대한민국의 10대가 처음으로 자신의 목소리를 내는 순간과, 그들 스스로 만들어낸 집회의 충격에 정신이 없었던 것 같습니다. 솔직히 그날의 충격이 아직도 잘 잊혀지지 않고, 또 그 사건을 어떻게 해석해야 할지 아직도 잘 모르겠습니다. 흔히 하는 얘기대로 하자면, 문화충격이라는 말 정도로 표현할 수 있을 것 같습니다.

2

저는 꽤 많은 지역, 그리고 꽤 많은 나라의 집회나 문화 행사 같은 것들을 볼 기회가 있었습니다. 그 유명한 프랑스의 '메이데이May day', 즉 노동절에 길거리로 나온 노동자들의 집회도 보았고, 강성 공산주의자들의 딱딱한 집회도 보았습니다. 또, 아프리카 모로코의 고등학생들의 집회도 본 적이 있습니다. 아주 음성적이라서 숨어서 하던 인도나 탄자니아의 집회도 구경할 기회도 있었고, 심지어 독일의 히틀러를 숭배하는 네오나치 극우파들의 집회도 본 적이 있습니다. 하지만 촛불문화제가 처음 시작하던 날, 소라광장 앞쪽의 '미친소닷컴'이라는 깃발 주위에서 우리의 소녀들이 만들었던 그 집회가 가장 충격적이었습니다.

더 화려하거나, 더 치밀하거나, 아니면 더 격렬해서 그랬던 것은 아닌 것 같습니다. 이보다 훨씬 더 격렬하거나 세밀하게 준비된 집회도 많이 보았고, 또 아프리카에서 군부독재에게 잡혀가거나 살해된 친구들 때문에 모인 청소년들의 집회, 그리고 총을 들고 있던 군인들이 그들을 시장 한 구석으로 몰아가고 있던 시위도 본 적이 있었습니다. 그러나 그 어떤 시위도 그날 10대들의 모임처럼 놀라움을 주었던 적은, 솔직히 없었습니다.

과장하지 않는다면, 우리 10대들의 집회는 OECD 국가, 그리고 세계 10위권 정도 되는 그런대로 먹고살 만한 나라, 그래서 어느 정도는 폭력과 납치, 혹은 고문과 암살과 같은 1차적인 문제들은 해결한 나라의 청소년들이 복지, 정확히 말하면 최근 '식품안전'이라고 부르는 한 시민적 권리를 외쳤던 사건에 지나지 않습니다.

저 역시 10대 때 몇 번의 시위에 연루되어 징계의 위기를 가까스로 넘기면서 겨우겨우 졸업한 사람이고, 대학교 때에는 최루탄과 화염병이 날아다니던, 바로 그 시청과 광화문 사이의 공간을 뛰어다니고 보도블록을 던지면서 살았던 사람입니다. 때문에 청소년들이 거리로 나와 집회를 가졌다는 이유만으로 놀라지는 않습니다. 그런 모습들은 우리가 제3세계로 부르는 나라, 아프리카나 중남미 같은 곳에 가면 아직도 얼마든지 볼 수 있는 모습들이고 익숙한 모습들입니다. 게다가 한국과 같이 OECD에 들어갔던 멕시코에서는 무장한 농민군이 존재하고, 그중 10대 농민군들도 존재합니다. 이것이 엄연한 지금 세계의 모습입니다.

그럼에도 불구하고, 제가 청계천에 모인 10대들의 모습에 놀랐던 것은 그 규모와 기세 때문이 아니라, 아무도 예측하지 못했던 순간에 흔히 말하는 조·중·동으로 대표되는 언론과 학자들이 규정해놓은 '한국 10대들의 모습'을 뛰어넘은 그들의 모습 때문입니다.

68혁명의 사르트르Jean Paul Sartre, 1905~1980의 표현을 빌리자면, '인과의 법칙을 뛰어넘은 존재', 즉 '모든 존재를 무로 돌리는 그 무néant néantisant'의 모습을 그곳에서 발견했기 때문입니다. 그 순간, 한국에서 인과론, 즉 원인으로 결과를 설명하려던 모든 시도들은 물거품처럼 무너져내려버렸습니다.

하루 종일 학교에서 공부하고, 그게 끝나면 부모들의 탐욕을 만족시키기 위해서 사교육 현장으로 달려 나가고, 가난한 10대들은 '탈영한 군인'들처럼 더 큰 가난으로 내몰리고, 먹고살 만한 집안의 10대들은 어른들이 만들어놓은

'일류 대학'의 틀에 묶여서 죽어라고 공부만 하고 있거나 아니면 일탈만 하고 있을 것이라고 설정된 한국의 10대, 그들이 아무도 예측하지 못한 그 순간, 아무도 의도하지 않았던 그 청계광장에 나타난 것입니다. 그것도 그들이 주인으로, 스스로 하나의 집단이 된 것, 그것은 가히 기적이라고 할 수 있습니다. 한 번 더 사르트르의 표현을 빌리자면, "실존은 존재에 앞선다"라는 것을 우리는 그날 본 셈입니다.

왜, 한국의 10대가 움직였을까요? 과학적 설명이 될까요? 제가 보기에는 '실존'이라는 말에 의존하는 것이 오히려 어설픈 설명의 시도보다는 조금 현실적일 것 같습니다. 솔직히 말하면, 꿈을 꾸는 것 같았습니다. 사르트르의 책 속에서만 보던 그런 가상적 '실존'이, 책 밖으로 뚜벅뚜벅 걸어 나오는 것을 보는 것 같았습니다. 원인은 없고 결과만이 있는 현상, 혹은 기존의 모든 인과관계를 무너뜨리는 그 스스로 원인이자 결과인 현상, 그런 것들을 보는 듯했습니다.

3

국내 아동문학가 중 이오덕李五德, 1925~2003 선생님이 계셨습니다. 한국에서는 건국 1세대에 해당하시는 분인데, 초등학교 교사이면서, 우리말 연구가이시고, 또한 아동문학의 개척자 중 한 분이십니다. 제가 어렸을 때에는 한국의 정신세계와 다음 세대의 문제에 대해서 고민하시던 분들이 많이 계셨습니다. 이오덕 선생님이나 권정생 선생님이 이와 같은 분들이셨습니다.

이오덕 선생님이 한국 사회에 가르치셨던 수많은 것들 중에서 가장 기억에 남는 것은 '손잡고 달리는 100미터' 이야기였습니다. "어차피 어른이 되면 경쟁을 하고 살아야 하는데, 학교에서부터 경쟁을 배워서는 제대로 된 어른이 되기가 어렵다. 친구들끼리 손을 잡고 100미터 달리기를 같이 뛸 수 있도록 해주어야 한다"는 것이 선생님의 가르침이었습니다. 손을 잡고 친구들과 같이 뛰는 100미터 시합, 혹시 상상이 되실지 모르겠습니다만, 당시의 어르신들 중에서는 '마음을 나누고, 사랑을 나누고, 보살핌이 있을 때, 비로소 한국이 잘 사는 나라가 된다' 고 생각하시는 분들이 많이 있었습니다.

김구金九, 1876~1949 선생님의 백범일지를 여러분이 보았다면, 그 안에서 다음과 같은 구절을 찾을 수 있을 것입니다.

"나는 우리나라가 세계에서 가장 아름다운 나라가 되기를 원한다. 가장 부강한 나라가 되는 걸 원하는 것은 아니다. 내가 남의 침략에 가슴이 아팠으니 내 나라가 남을 침략하는 것을 원치 아니한다. 우리의 부력富力은 우리의 생활을 풍족히 할 만하고 우리의 강력強力은 남의 침략을 막을 만하면 족하다. 오직 한없이 가지고 싶은 것은 높은 문화의 힘이다. 문화의 힘은 우리 자신을 행복되게 하고, 나아가서 남에게 행복을 주겠기 때문이다."

김구, 『백범일지』 중에서

확실히 제가 어렸을 때, 혹은 중·고등학교 시기를 지낼 때는 "남들을 괴롭히지 않고, 자기 성적만 올리는 사람은 좋은 사람이 아니다. 남들에 대한 배려와 함께 독서, 그리고 문화에 대한 것들이 중요하다"라고 말해주시는 좋은 선생님과 어른이 많이 있었던 것 같습니다. 제가 중·고등학교를 보냈던 시기는 전두환이 대통령으로 있던 7년 동안이었는데 솔직히 저의 청소년 시절을 돌아보면, 불의를 보면 참지 말라고 얘기하던 사람들은 별로 없었어도, 친구들을 돌아보라는 얘기, 그리고 '아름다운 삶'에 대해서 얘기해주시던 어른들은 많았습니다.

1998년 IMF 경제위기와 함께 건국 1세대의 시기가 끝나게 되었고, 해방된 땅에 좋은 나라를 세우려고 했던 분들이 하나둘 세상을 떠나게 됩니다. 그리고 본격적으로 건국 2세대들의 시대가 한국에서 열립니다.

건국 2세대들은 6·25를 전후해 태어난 사람들이라고 할 수 있는데, 좀 심하게 말하자면 1세대들이 가지고 있던 열성과 문화적 풍치 대신, 돈과 힘 이 두 가지만 숭배하며, 박정희와 전두환을 거치면서 패권주의를 신봉하는 사람들이었습니다. 그리고 '경쟁'을 최고의 가치로 숭상하고, 여성 착취, 세대 착취와 같은 것을 당연하게 생각하는 지나치게 마초적이며, 권위적이며, 동시에 누군가 자신에게 바치는 것을 좋아하는 사람들로 보입니다.

어느덧 한국에서는 이오덕 선생이 말했던 '손잡고 뛰는 100미터'는 유사 시대의 전설과 같은 얘기가 되어버렸고, '죽이지 않으면 네가 죽는다'라고 하는, 총알이 난무하는 전쟁터처럼 변해버렸습니다. 물론 시장은 경쟁을 기본으로 작동하지만, 세계 어느 OECD 국가에서도 한국과 같이 경쟁의 미덕만이 강조되는 경우는 없어 보입니다.

이 건국 2세대들은 한나라당, 전경련, 경총을 중심으로 지난 10년 동안 지금의 10대들을 집중적으로 조련시켰다고 할 수 있습니다. 한국에서 처음으로 유치원에서부터 '어린이 경제교육'을 받았던 사람들이 바로 지금의 10대들입니다. 유치원과 TV에서부터 '돈'을 배웠고, 경제캠프에서 '큰돈 만지는 법'과 '증권 투자하는 법'을 배우며 경쟁을 체화시키도록 훈련된 사람들이 바로 이들입니다.

한나라당은 이들을 돈과 암기의 노예로 만들어서 잃어버린 자신들의 정권을 찾아오는 것은 물론, 한국을 영원히 지배하고자 하였는데, 그들의 프로그램이 드디어 성공하여 '경제 대통령'이라는 거대한 허구로 집권을 하게 됩니다.

그들이 집권하자마자 0교시 수업을 다시 도입하고, 영어 사교육의 전성시대를 만들고, 야간 학원제한도 푼 것은 우연한 일이 아니라 그들의 집권 프로그램 내에 들어 있는 일이었습니다. 경제 교육으로 10대들을 잠재적 돈의 노예로 만들고, 국사 교육을 바꾸어 영원히 한나라당을 지지하도록 만들고자 하는, 이 건국 2세대들의 비뚤어진 10대 교육 프로그램에 대해서 우리는 모두 속수무책이었습니다.

그러나 건국 2세대가 주축이 되어 만들어낸 한나라당, 그들이 심혈을 기울여 '어린이 경제교실'부터 마련한 '경쟁 세뇌교육'을 받고 자란 영원히 한나라당만을 지지할 것 같은 바로 그 10대들이 "세상은 그게 아닙니다"라고 말했던 사건을 지금 우리가 보게 된 것입니다. 이것은 기적 같은 사실입니다. 경쟁만이 미덕이고, 돈이 최고이며, 이를 위해서 한나라당만을 지지하도록 10년 동안 충실하게 교육받고 그렇게 길러졌다고 생각했던 바로 그들 사이에서 반란이 일어난 것입니다.

4

지난 10년 동안 사태가 이렇게 돌아가도록 어느 누구하나 나서지 않고 모두가 방관하고 있었습니다. 현재의 중·고등학교에서 진행되는 '학교 파시즘'은 "누구 때문에 이렇게 되었다"라고 말할 수 없을 정도로 기성세대 모두의 잘못입니다. 왜곡된 경쟁과 '죽이지 않으면 네가 죽는다'라는 단 하나의 가치만을 가르친 선생님, 공무원, 부모 그리고 그렇게 하면 안 된다고 말해야 할 책임이 있었던 학자들의 침묵과 배신이 겹쳐서 지금 한국 10대들의 삶은 지옥이 되어 있습니다.

눈을 들어 세상을 보면, OECD 국가 그 어느 곳에서도 청소년의 삶이 한국과 같은 곳은 없습니다. 건국 2세대의 일부가 땅부자가 되고, 수십억대의 자산가가 되면서 호의호식하는 그 기반을 마련하기 위해서 지금의 10대들이 지옥과 같은 삶을 살고 있는 셈인데, 누구 하나 인권, 아니 심지어 최소한의 수면권에 관한 문제에 대해서도 제대로 반박을 하거나 막기 위한 실질적 노력을 하지 못한 셈입니다.

이 학교 파시즘은 이제 멈추어져야 합니다. 미친 듯한 사교육, 그리고 경쟁만이 남아 있는 악몽의 터널 6년간은 사랑에 대해서, 보살핌에 대해서, 그리고 어울림에 대해서 생각하고 상상하는 시간들로 바뀌어져야 합니다.

그러나 이 파시즘은 앞으로도 수년간 계속되지 않을까

합니다. 지금의 2세대는 게으르고, 3세대라고 할 수 있는 30대와 40대는 자기 앞가림도 제대로 하지 못하고 있는 형국입니다. 이 문제를 풀기 위해서 모두가 머리를 맞대고 다음 세대의 문제에 대해서 고민해야 하는 순간인데, 이 거대한 터널에서 우리 모두는 눈만 껌벅껌벅 거리면서 침묵의 동조자가 되었던 셈입니다. 이 시기, '이노센스무죄-innocence'는 아무도 없습니다. 기성세대 모두는 여러분, 10대들의 인권과 삶에 대해서 공범인 셈입니다.

이제 여러분들이 들었던 촛불의 의미와 변화에 대해서 고민하고 실천해야 하는 순간이 아닐까 합니다. 우리를 용서해주시기 바랍니다. 아니, 용서하지 마시기를 바랍니다. 지금부터 우리는 10대들을 둘러싸고 있는 거대한 파시즘 구조를 해체해야 합니다. 하지만 그 일을 여러분 10대들이 먼저 시작해야 한다고 믿고 있는 지금의 어른들을 용서하지 마시기 바랍니다.

그러나 제가 생각건대, 지금의 촛불은 그 힘으로 언젠가는 이 문제를 풀어내게 될 것입니다. 사르트르가 말한, '무無로 돌리는 무' 즉 68혁명을 만들어냈던 책 『존재와 무』의 테제를 지금 한국에 적용해보면 그런 의미가 됩니다.

언젠가 이 문제가 해체되고, 지금과는 전혀 다른, 경쟁과 공존이 병행하는, 효율과 협동이 병행하는 그런 한국이 생겨났을 때, 그리고 10대들이 비로소 지금의 교육 파시즘과 학교 파시즘으로부터 해방되었을 때, 그때 우리를 용서하시기 바랍니다. 언젠가, 우리를 용서해주시기 바랍니다. 그리고 그런 날이 꼭 왔으면 좋겠습니다.

우석훈

• 서울에서 태어나 프랑스 파리에서 경제학을 공부했다. 인생의 4분의 1을 독일·프랑스·영국·스위스 등 외국에서 지냈고, 유엔(UN) 기후변화협약의 정책분과 의장과 기술이전분과 이사를 마지막으로 국제협상과 공직생활에서 은퇴했다. 이후 '가난한 자유'를 통해 삶의 평온을 찾았고, '명랑'으로 행복을 배웠다. 2008년 현재 성공회대학교에서 강의하고, (주)한국서부발전의 사외이사로 활동하며 다수의 저서를 펴내고 있다. 주요 저서로는 『아픈 아이들의 세대』, 『한미 FTA 폭주를 멈춰라』, 『직선들의 대한민국』과 한국경제대안 시리즈 『88만원 세대』와 『샌드위치 위기론은 허구다』, 『촌놈들의 제국주의』 등이 있다.

열정, 세상을 바꾸는 힘

권오성 | 목사 · 한국기독교교회협의회 총무

1. 하 라 는 공 부 는 안 하 고 촛 불 을 들 고 나 서 다 니 ……

  - 현실을 바꿔온 '버릇없음'의 힘을 아시나요?

이집트의 토편 문서에는 국가의 법령과 왕의 칙령 같은 것이 주로 적혀 있었습니다. 그런데 그 중 5,000년 전에 쓰여진 것으로 밝혀진 어떤 흙벽돌 문서 덩어리 속에는 화장품이나 맥주를 만드는 법에서부터 일상생활의 소소한 내용들이 적혀 있었다고 합니다. 거기에는 "요즘 젊은 것이란, 도무지 버릇이 없어서……"라는 재미있는 글도 남아 있었습니다. 그것을 보면 젊은이들과 기성세대의 세대 차는 고대로부터 지금까지 어느 시대나 엄연히 존재하는 현실입니다.

기성세대는 이 세상을 살아오면서 몇 번의 승리와 패배를 경험하며 살아왔습니다. 여기서 체념을 배우고, 거기에 바탕을 두고 스스로 자기 검열을 하고서 세상을 바라봅니다. 무엇인가 잘못되었다는 생각이 들 때도 있습니다. 그러나 내가 직접 손해를 보는 문제가 아니라면 그냥 넘어가는데 조금씩 익숙해집니다.

젊을 때는 다릅니다. 이미 인생의 틀을 완고하게 잡고 있는 어른들과 비교하면 아직 무엇인가 불안하고 부족하다는 생각이 듭니다. 폭풍에 배가 흔들리듯 방황하기도 합니다. 혼신의 힘을 다해 자신에게 주어진 인생의 조건을 뛰어 넘으려고 노력을 합니다. 그럴 때 공통으로 나타나는 현상이 하나 있습니다. 주어진 현실이 다 옳은 것인가에 대해 의문을 갖는다는 것입니다. 기존 생각과 다른 소리를 내고, 다른 행동을 합니다. 머리카락을 빨주노초파남보로 염색하는 젊은이도 보았습니다. 바지를 겨우 엉덩이에 걸치고 늘어뜨려서 땅에 끌고 다니면서 온 시내 청소를 하고 다니는 젊은이도 있었습니다. 처음 그런 모습을 대하면 우리 같은 구세대는 "요즘 젊은 것들이란, 도무지 버릇이 없어서……"라는 탄식이 저절로 나옵니다.

지금 기성세대는 우리나라에 정치적으로는 군부독재 체제 때가 있었고, 경제 개발을 하며 노동자, 농민들이 생존의 위협을 받았을 때가 있었음을 알고 있습니다. 같은 민족끼리 전쟁을 치르고 분단이 굳어져 이데올로기로 변했을 때가 있었고, 권력에 의해 인권이 유린되는 것을 지켜봐야 할 때도 있었습니다. 그럴 때 고비마다 학생들과 젊은이들이 "이래서는 안 된다"고 외치고 나왔습니다. 그때 우리 어른 세대는 "공부나 하지 쓸데없는 짓을 한다"고 야단을 쳤습니다. 나라를 망친다고 학생들에게 최루탄을 쏘고, 잡아가고 감옥에 집어넣고, 심지어는 고문을 받다 죽는 청년도 있었습니다. 그렇게 두려운 권력, 무서운 시대를 겪었습니다.

불의를 보고도 아무도 바르게 말하지 못했던 시대였습니다. 그런데 놀랍게도 그 시대의 젊은이들이 '버릇없음'으로 살았던 것이 우리 사회를 긍정적으로 변화시켰습니다. 시간이 흘러가면서 놀랍게도 우리 사회는 그 '버릇없음'을 기존

체제의 틀과 가치관을 바꾸는 것으로 응답하였습니다. '버릇없음'이 우리 사회의 민주화, 경제 성장과 공정한 분배, 남북 평화와 화해, 인권을 확보하였습니다. 1960년대 초반에 우리나라 국민소득이 69달러였고, 군사정권 시대였습니다. 그 당시 필리핀, 미얀마(당시 버마), 캄보디아 같은 나라가 우리나라보다 훨씬 더 민주주의 체제가 확립되었고, 국민 소득도 높았습니다. 그런데 지금 가보면 우리 사회가 얼마나 다양하게 발전했는지 비교할 수조차 없습니다. 우리 젊은이들은 '버릇없음'으로 도전하고, 구세대는 우여곡절 끝에 그것을 수용해서 사회 발전의 동력으로 삼았던 그 당시 우리 젊은이들과 구세대가 모두 자랑스럽습니다.

10대 청소년들이 지난 5월 초에 촛불을 들고 거리에 나왔습니다. 한미 쇠고기 협정에 문제가 있다는 주장이었습니다. 우리 같은 구세대는 '고등학생들이 무엇을 안다고 하라는 공부는 안하고 길거리에 나왔나?' 하는 생각부터 했습니다. 미풍이었습니다. 그런데 그 바람이 강풍이 되고, 나중에 폭풍이 되고, 태풍이 되었습니다. 광화문에서 남대문, 서대문에서 종로 1가까지 촛불로 가득 차게 되리라고 누구도 상상하지 못했습니다.

기성세대는 '미국 사람들이나 우리나라 재미교포들이 매일 쇠고기를 먹었는데 지금까지 광우병에 걸린 사람은 하나도 없다', '자동차에 사고를 당하는 사람의 확률보다 더 확률이 낮다'는 설명에 고개를 끄덕거렸습니다. 다만 한미 정상회담을 하기 직전에 마치 미국에 방미 대가로 선물이라도 하듯이 일방적으로 양보했다는 생각에 좀 화가 나 있었을 뿐이었습니다.

누구도 젊은이들에게 촛불을 들라고 강요하지도 않았고, 시위 전문가가 나서서 집회의 전술을 짜거나, 주도하지도 않았습니다. 그저 평화적으로, 비폭력으로 자신의 주장을 내세웠습니다. 기성세대들이 '괜찮다'고 하는 것을 버릇없이 '아니라'고 소리 질렀습니다. 거기에다가 물대포를 쏘니까 따뜻한 물로 쏘라고 '온수, 온수'를 구호로 외쳤답니다. 버스에 전경이 올라가니까 '개인기, 개인기'라고 소리 지르기도 하고, 경찰이 마이크를 잡고 해산을 종용하자 '노래해, 노래해' 했다고 합니다. 그 소식을 매스컴을 통해서 보면서 그 절묘함과 여유에 할 말을 잃고 기가 막혔습니다. 체포되어 가는 동료들의 뒤를 따라 나도 잡아가라고 스스로 버스에 올라탔다고 하는 이야기에는 울컥 눈물이 나올 뻔했습니다.

의도하지 않았지만 이 과정에서 놀라운 일이 벌어졌습니다. 어느 순간에 주장의 초점이 쇠고기를 넘어섰습니다. 권력자들은 지금까지 국민의 의사를 선거에서 얻는 득표가 얼마나 되는지로만 계산했습니다. 그런데 아무리 막강한 권력을 가졌다고 하더라도 한 사람, 한 사람의 자유로운 의사가 무엇인지를 무시해서는 안 된다는 교훈을 심어주었습니다. 우리나라가 자유민주주의 국가라는 사실을 확인한 것입니다. 자유란 다른 의견을 가진 사람들 속에서 아무런 두려움을 느끼지 않고 자발적이고 충분하게 자신의 의사를 결정하고, 표현할 수 있는 권리를 의미합니다. 자유로운 사람들 사이에는 서로 다른 의견이 존재합니다. 그것을 일방적으로 억압하면 조금씩 고였다가 이렇게 큰 목소리로 분출이 됩니다. 그래서 소통이 필요하다는 말이 유행처럼 등장했습니다.

이명박 정부가 취임 초기에 이런 일이 일어난 것은 정권으로서도 다행입니다. 국민들의 의사를 존중하는 자세를 가지고 일해야 한다는 것을 뼈저리게 느끼고 일할 수 있는 기회를 가졌으니 성공한 대통령으로 남을 수 있게 되었기 때문입니다.

2 . 소에게 풀 대신에 육식을 시키다니……

– 화가 나서 모였는데 사회의 풍요로운 자산이 되다!

광우병에 대해 생각하다가 미셀 끌레브노가 쓴『그리스도인과 국가 권력』이라는 책의 내용이 떠올랐습니다. 여기에 보면 예수님 당시 로마 시대는 사회 계급과 신분의 차이를 존중하고, 사람과 사람 사이 차별을 전제한 사회였습니다. 진리를 행하는 것은 주인이나 지배인, 왕들이나 신들에게 해야 하는 의무를 다하는 것을 의미했습니다. 주인과 종, 시민과 이방인, 통치자와 피통치자의 관계를 제대로 지켜야 옳은 것이었습니다. 그래야 그 로마 사회가 제대로 굴러갈 수 있었습니다. 그 정점에 황제가 있었고, 그를 인생의 주인으로, 하나의 신으로 받들면서 그 '진리 체계'를 지켰습니다.

당시 한 줌도 안 되는 숫자의 사람들이 이것을 거부했습니다. 바로 초대교회 그리스도인들이었습니다. 그들은 이렇게 선언했습니다.

"우리는 그럴 수 없다non possumus! 창조 때부터 모든 사람이 다 똑같이 소중하고, 다 똑같이 존중받아야 하고,

이 세상에 모든 것의 기준이 되는 진리는 황제가 아니라 십자가에 달린 예수다."

여기서 순교가 나왔습니다. 결국 많은 사람들이 황제의 초상화에 절하는 단순한 행동을 거부하고 죽었습니다.

우리가 학교에 다닐 때는 광우병에 대해서는 배우지도 않았고, 중간고사 시험에 나오지도 않았습니다. 그런데 이번에 제대로 공부했습니다. 신문, 방송이 보도하는 과학적인 지식을 쫓아가기도 만만치 않았습니다. 그런데 광우병 발병 원인은 단순했습니다. 소는 풀을 먹는 초식 동물입니다. 되새김질까지 합니다. 그런데 소의 육골분이나 창자를 그냥 버리기 아까워서 그것을 갈아 동류인 소의 사료로 먹였다는 것입니다.

처음에는 별 문제가 없었습니다. 그런데 어느 순간이 지나면서 육식을 한 소들 중 일부가 뇌 세포에 구멍이 나고, 쓰러져 죽어 넘어갔습니다. 조사를 해보니까 육식을 한 소들에게 단백질 변형이 오고, 그것이 잠복을 했다가 광우병으로 나타나는 것이었지요. 그 광우병이 걸린 소의 단백질을 사람이 먹으면 역시 잠복기간을 거쳐 같은 증상이 와서 죽게 된다는 것이었습니다. 다 이번에 배워서 아는 이야기입니다.

목사의 눈으로 보면 소가 풀을 먹는 것은 태초부터 하나님께서 창조하신 질서입니다. 그런데 육식을 시키는 것은 돈을 조금이라도 더 벌겠다는 욕심 때문에 창조 질서를 깨뜨린 것입니다. 창조 질서는 사람의 영역에 속한 것이 아닙니다. 하나님의 영역입니다. 우리는 그냥 그 안에서 살아가는 것이 순리입니다. 이것을 건드리면 재앙이 옵니다. 생명공학 기술을 이용해서 인간 생명을 만들겠다거나, 산을 뚫어서 그 안에 배를 지나가겠다고 하는 발상이 다 마찬가지입니다.

소에게 육식을 시키는 목적이 무엇일까요? 돈이지요. 더 많은 재물을 효율적으로 가지겠다는 것입니다. 특별히 1990년대를 접어들면서 자본 축적을 최고의 미덕으로 여기는 자본주의가 전 세계에 유일한 질서로 자리 잡기 시작했습니다. 자본이 국경을 자유롭게 넘나들면서 헤지 펀드라고 하는 투기 자본들이 등장했습니다. 외국인 이주노동자 문제도 노동력의 자유로운 이동 때문에 생기는 현상입니다. 상품의 자유로운 이동을 가능하게 하기 위해서 국가 간 FTA 협정이 다양하게 맺어지고 있습니다. 모두 좀더 효율적으로 돈을 벌기 위한 수단입니다. 학자들은 신자유주의라고 말하기도 합니다. 고통받는 사람이 얼마나 힘들게 살아가고 있고, 어떻게 살아가고 있는지 관심이 없습니다. 자본을 더 많이 가지는 것만이 유일한 목적입니다.

이런 자본주의 이데올로기와 물질적인 재생산의 영향력은 자본의 영역에만 머물지 않습니다. 더 나아가서 인간과 사회, 자연의 영역으로까지 더욱 더 강하게 흘러서 '넘쳐가고' 있습니다. 자본의 쓰나미가 인간이 지켜야 하는 방벽도 무너뜨리기 시작합니다. 지구 온난화로 대표되는 환경 문제, 혹은 생태계의 문제가 대표적입니다. 자연 질서에 자본주의 가치관을 극대화하기 시작하자 자연이 병들기 시작합니다. 시간이 지나가면서 한 사회의 문화와 전통, 이념과 교육, 가치관도 여기에 물들어갑니다. 심지어 종교조차 재물에 병들어 가는 것을 종종 봅니다. 세계화의 부정적인 면입니다. 소에게 육식을 시키는 것은 이런 현실의 한 모습입니다.

몇십만의 사람들이 촛불을 들고 거리에 나설 때 이런 현실까지 인식하고 행동한 사람은 없었을 것입니다. 그냥 광우병 위험이 있다고 하니까 촛불을 들었습니다. 거리를 메우고 촛불을 들고 느릿느릿하게 움직이는 그 모습 자체로도 장관이었습니다. 아무도 의도하지 않았는데 그 촛불들이 하나의 큰 그림을 그렸습니다. 무정형無定形의 정형定形이 되었습니다.

그것이 무엇을 연상시켰느냐 하면 TV의 동물 다큐멘터리에서 종종 나오는 모습이었습니다. 작은 물고기들이 고래 같은 천적을 만나면 떼로 몰려다니는 장면처럼 보였습니다. 철새가 한꺼번에 하늘을 나는 모습 같았습니다. 물고기나 철새들은 위험이 닥치면 각자 자신의 판단에 따라 움직입니다. 누가 특별히 선두에 서거나 지휘하지 않습니다. 그런데도 놀랍게도 전체적으로 기하학적인 모양을 이루고, 순간적으로 변형을 합니다. 그냥 각자 제멋대로 움직이는데 분명하게 움직이는 방향이 생깁니다. 이것이 무정형無定形의 정형定形입니다.

촛불집회 자리에 서 있던 사람들은 의식을 했든지 못했든지 초대교회 그리스도인들이 섰던 자리에 선 것입니다. 어떤 결과를 가져올지도 모르면서 로마 황제로 대표되는 비신앙적인 로마체제에 대해서 연약한 한 사람, 한 사람이 비폭력으로 거부했습니다. 아니, 그냥 당하기만 했다고 해도 과언이 아닙니다. 그러나 역사에서 사라진 것은 당시

전 세계를 지배하던 로마 제국이었습니다.

촛불집회도 무슨 결과가 초래될지 모르면서 무정형無定
形으로 시작했습니다. 그런데 소에게 육식을 시켜서라도
좀더 많이 돈을 벌겠다는 우리 시대의 잘못된 가치관을 전
적으로 거부하는 정형定形을 확실하게 이루었습니다. 이것
은 우리 사회에 건강한 자산이 그만큼 늘어났다는 것을 의
미합니다. 당장은 그 효과가 나타나지 않을지도 모릅니다.
주장을 완전히 관철시키는 식의 승리를 하지 못할 수도 있
습니다. 그러나 언젠가는 재물보다는, 자본보다는 사람과
생명을 더 소중하게 여기는 가치관을 관철시키는 승리를
할 때가 올 것입니다. 그 방향으로 사람들이 움직이기 시
작했기 때문에 그렇습니다.

3. 옛 이야기를 떠올리며 오늘을 생각하다
- 마부작침磨斧作針을 기대한다

자공子貢이라는 사람이 공자님에게 정치에 대해 묻자
공자께서 "나라에는 식食과 병兵과 신信이 있어야 한다"고

대답을 했습니다. 요사이로 말하면 경제력과 군사력, 신뢰가 있어야 한다는 말이겠지요. 그러자 자공이 또 물었습니다. "형편이 안 되어서 세 가지를 다 갖출 수 없으면 그 중에 어느 것을 버려야 합니까?" 공자님 대답은 '병兵'이었습니다. 그러자 자공이 또 물었습니다. "또 하나를 버릴 수밖에 없는 처지가 되면 무엇을 버려야 합니까?" 공자님은 "식食과 신信 중에서는 식食을 버리라"고 했습니다.

한 나라에 군사력이나 경제력이 필요 없다는 뜻이 아니라 신뢰가 가장 중요하다는 말이라고 생각합니다. 사람 사이에 지켜야 하는 신뢰가 무너지면 우리 편이라고 생각했던 사람의 총칼이 나에게 겨누어질지 모르고, 막강한 경제력은 분쟁의 소지가 될 뿐입니다. 국민들의 신뢰가 확고한 상태에서 지도력은 100퍼센트 발휘될 수 있고, 정책이 제대로 수행될 수 있고, 사회의 안정성이 생길 수 있습니다. 정치에서 '신뢰'는 무엇보다 소중한 국가의 자산이 됩니다.

1년도 안 된 이명박 정부의 지지도가 급격하게 하락하는 것은 군사력이나 경제력에서 문제가 생긴 것이 아닙니다. 신뢰에 심각하게 위기가 왔다는 것을 뜻합니다. 그런데도 국민들의 소리를 귀담아 듣지 않는 것을 보면 국민들의 소리가 소에게 거문고 명곡을 들려준 후한 말의 모융의 일화처럼 우전탄금牛前彈琴 정도 밖에 안 되는 것이 아닌가 하는 생각도 듭니다. 거기다가 각주구검刻舟求劍을 해놓고 안심하기까지 했습니다. 여씨춘추呂氏春秋에 나오는 이야기인데 초나라 시대에 양자강을 건너던 사람이 강 한가운데서 칼을 강물에 떨어뜨렸습니다. 깜짝 놀라서 손을 휘저었지만 장검은 이미 강물 속 깊이 가라앉았습니다. 그러자 꾀를 내서 단검을 꺼내 칼을 떨어뜨린 지점을 배 바닥에 표시해 두었습니다. 칼이 떨어진 곳을 표시해 놓았으니까 나중에 배가 멈추면 찾겠다는 것이지요. 나루터에 배가 도착하자 이 사람은 빨리 옷을 벗고 배에 표시한 자국을 확인하고 강물로 뛰어 들어가 한참 칼을 찾았다는 것입니다. 칼을 발견했을까요? 있을 리가 없지요. 광우병 파동으로 잃어버린 국민 신뢰는 각주구검刻舟求劍하는 식으로 몇 가지 임시 조치로는 결코 찾을 수가 없습니다.

당나라 시인 이태백李太白, 701~762은 어릴 때 촉나라 성도 인근의 상의산에 들어가서 공부를 했는데 어느 날 싫증이 나서 산을 내려왔습니다. 그런데 냇가에 웬 노파가 도끼를 들고는 바위에 열심히 갈고 있었습니다. 무엇을 하나고 묻자 노파는 마부작침磨斧作針, 즉 도끼를 갈아서 바늘을 만들고 있다는 것이었습니다. "어느 세월에 되겠느냐?"고 하자 그 노파는 이렇게 말했습니다.

"중단하지 않으면 분명히 바늘이 만들어질 것이오."

그 이야기를 듣고 크게 깨달은 이태백은 산으로 다시 올라가 공부에 정진했다는 이야기입니다.

바늘이 필요한데 도끼를 휘두를 것이 아닙니다. '마부작침'의 자세로 국민을 위해서 국가의 지도자로서 해야 할 일이 무엇인지 확인하고 꾸준하게 해나가야 합니다.

4. 열정을 가지고, 우직하게 살아라

― 지금은 씨앗이지만 꽃이 되어 피어나리

애플 컴퓨터를 처음 개발한 스티브 잡스Steve Jobs, 1955~를 여러분 다 잘 아실 것입니다. 그는 스탠퍼드 대학 졸업식에서 'Stay Hungry. Stay Foolish'라는 제목으로 유명한 축사를 한 적이 있습니다. 'Stay Hungry'를 직역하면 '배고픈 데 머물고', 'Stay Foolish'는 '바보스럽게 살아라' 정도가 될 것입니다. 의역을 하라고 한다면 '열정을 가지고 살고, 우직하게 살아라' 정도가 아닐까요?

이 축사에서 스티브 잡스는 '자신의 인생에서 어느 때를 계기로 해서 최고의 성공을 거둘 수 있었나?'를 이야기했습니다. 그 대답은 우리들의 생각을 넘어섭니다. 최고 성공의 계기는 놀랍게도 인생 최고의 위기를 맞이했을 때라는 것입니다. 그런 때가 세 번 있었는데 처음에는 대학을 중퇴했을 때, 두 번째는 자신이 영입한 전문 경영인에게서 오히려 해고를 당했을 때, 세 번째는 췌장암 선고를 받고 죽음에 직면했을 때였습니다. 결론은 그 세 번의 위기의 때마다 자신이 열정을 느끼는 일들을 바보스러울 정도로 우직스럽게 계속했다는 말입니다. 이것이 스티브 잡스가 스스로 밝힌 성공 비결이었습니다.

촛불을 들고 마음에 품었던 열정이 무엇입니까? 분노, 미움, 적대, 폭력 같은 것이 아니라고 믿습니다. '생명의 소중함, 평화가 주는 힘, 상대방에 대한 배려, 현실에 대한 책임감, 모두가 함께 즐거운 축제' 이와 같은 것들에 대한 열정을 느꼈으리라는 생각을 합니다. 그것을 우직스럽게 평생 지켜나가 보십시오. 사람의 가치보다 재물을 더 소중하게 여기는 이 세상에서 누구보다 아름답고 훌륭하고, 성공한 인생을 살게 될 것입니다.

세계적으로 유명한 CEO를 꼽으라면 여러 명을 손꼽을 수 있겠지만 그중에 최근에 제일 유명한 사람이 잭 웰치 Jack Welch, 1935~ 일 것입니다. 그는 1981년에 미국의 거대 기업인 '제너럴 일렉트릭'에 45살의 나이에 최연소 회장으로 취임을 했습니다. 지난 20년 동안 임기 중에 회사 매출을 250억 달러에서 1,300억 달러로 끌어올렸고, 시가 총액은 150억 달러에서 3,880억 달러로 25배로 늘려서 유명해진 인물입니다.

얼마 전 신문에서 그가 회사를 경영하면서 무엇을 가장 소중하게 여겼는지에 대한 기사가 나와서 흥미 있게 읽었습니다. 거대 자본을 가진 기업, 오직 이윤 추구가 최고 가치인 다국적 기업을 경영하면서 무엇을 가장 중요하게 여겼을까? 매출액, 영업 이익률, 아니면 상품 가치 혹은 회사 브랜드 가치 같은 것이라고 생각을 했습니다. 사업을 하는 사람이라면 보통 이런 것이 대답이었기 때문이었습니다. 그런데 그것이 아니었습니다. 그가 제일 중요하게 여겼던 것은 사람에 대해서 관심을 가지고, 투자하는 일이었습니다. 자신이 사용하는 시간의 75퍼센트를 핵심이 되는 인재를 찾고, 그 사람을 채용하고, 적절한 곳에 배치하고, 일을 통하여 그 사람을 평가하고, 성과에 따라 제대로 보상하고, 마지막에는 잘 내보는 데 사용했다고 말했습니다.

1년 매출이 130조 원이 넘는 회사, 어떻게 해야 그렇게 돈을 많이 벌게 될 수 있는지는 상상도 되지 않습니다. 회사가 얼마나 크고, 일은 얼마나 복잡하게 돌아갈까를 추측해봐도 답을 알 수 없습니다. 일반 사람들의 경험 밖에 있는 것이기 때문에 그렇겠지요. 그런데 이 경영자가 이렇게 큰 회사가 굴러가는 힘의 원천으로 지적한 것이 우리 상식을 벗어나지 않았습니다. 그것은 바로 사람이었습니다. 그러면서 "CEO가 하는 일은 다른 것이 아니라 한 손에는 물뿌리개를 들고 물을 주고, 또 다른 한 손에는 비료를 들고 땅을 비옥하게 만들고, 그래서 꽃밭에서 꽃을 피워 가꾸는 일이다"라고 했습니다. 회사에 그 수많은 사람들 하나하나가 지금은 눈에 보이지 않지만 누구나 가지고 있는 가능성이 있습니다. 그 사람이 가진 가능성을 회사에서 자기 일을 하면서 활짝 꽃 피우면 그것이 회사의 이익이 되어 되돌아오고, 회사의 발전으로 온다는 것입니다. 지금 당장 열매가 보이지 않아도 눈에 보이지 않는 가능성이 꽃 피울 수 있도록 물도 주고, 비료도 주는 것이 회장이 해야 하는 일이라는 것입니다. 바꾸어 말하면 거대기업의 사업을 발전시키는 놀라운 씨, 생명력이 있는데 그것이 사람이라는 말입니다.

광우병 때문에 촛불을 들고 처음 거리에 나온 청소년들 하나하나가 무한한 가능성을 가진 씨앗과 같은 존재입니다. 지금은 야간 자율학습에 힘들어하고, 대학 입시를 걱정하고 살아가지만 그 청소년들 안에 세상을 움직일 생명이 자라고 있습니다. 가꾸고, 투자하면 그 생명은 아름다운 꽃으로 피어나게 될 것입니다.

기억하실지 모르겠는데 몇 년 전에 국내 프로야구에서 두 다리에 의족을 한 아홉 살 난 어린아이가 나와서 시구를 한 적이 있습니다. '애덤 킹'이라는 이름을 가진 입양아입니다. 태어날 때부터 손가락이 붙었고 선천적으로 뼈가 굳어지면서 다리가 썩어가는 희귀병을 앓았습니다. 부모가 태어나면서 버려서 보육원에서 자라다가 네 살 되던 해에 미국인 부부에게 양자로 입양되었습니다. 손가락 네 개는 수술을 해서 되찾았는데 다리는 썩어서 허벅지 아래를 다 절단하고 의족을 착용할 수밖에 없는 처지가 되었습니다. 그렇게 육체적으로 어려운 처지인데 이 아이는 특별히 야구를 좋아했습니다. 그러다가 그 불편한 몸으로 프로야구에서 시구할 기회까지 갖게 되었습니다.

그 양부모가 한 이야기가 이렇습니다. "애덤은 부모로부터 버림을 받았지만 저희들은 이 아이에게서 위대한 가능성을 보았습니다. 그래서 우리가 사람이 할 수 있는 일은 다하면서 키운다면 그 가능성이 현실이 되리라고 믿었습니다." 그 아이에 대한 믿음이 자라서 가장 절망스러운 처지에 있던 아이가 의족을 한 채로 프로야구에서 시구를 하고, 공부를 하고, 일상생활을 하면서 세상 사람들에게 희망을 주는 아이가 될 수 있었습니다.

자신을 믿어주고 사랑해주고, 격려해주는 한 사람이 있는 한, 어느 누구도 잘못될 수가 없습니다. 지금 처해 있는 처지만 바라볼 것이 아닙니다. 여러분을 사랑하고, 기억하고, 기대하는 사람들이 있습니다. 그 사랑을 기억하고, 자신의 인생에 대해서 자부심과 자존감을 당당하게 가지고 살아가기를 기대합니다. 광장의 촛불을 붙인 것이 인생의 끝장일 수 없습니다. 그 뜨거운 열정을 가지고 내 안에 다시 불을 붙이기 바랍니다. 우직스럽게 그 가치를 소중하게 지키고 살아가십시오. 여러분이 모두 아름다운 꽃 같은 결실을 맺게 될 것입니다. 여러분이 세상을 선한 방향으로 바꾸어나갈 것입니다. 나도 오래 살아서 그런 세상을 만들어나가는 여러분을 지켜보고 싶습니다.

권오성

• 서강대학교 전자공학과와 한신대 신학대학원을 졸업하고 목사안수를 받았다. 1982년 수도교회에 부임한 이래 2006년까지 24년간 목회를 해왔으며, 2006년부터 현재까지 한국기독교교회협의회(NCCK) 총무로 활동하고 있다. 또한 한국종교인평화회의(KCRP)의 공동회장을 맡고 있다. 펴낸 책으로는 『하이델베르크 교리문답서』(엮음), 『독일 통일과 교회의 노력』(편역) 등이 있다.

훌륭하게 성장하는 그대들이 눈물겹도록 고맙습니다. 10대들이여! 미래는 그대들 의 것입니다. 그대들의 촛불에서 새로운 시대의 희망을 봅니다.

생명의 촛불은 검은 하늘 아래 작은 모닥불처럼 멀리멀리 모든 생명체들을 깨워 불러 모을 것입니다. 촛불이 자랑 스럽습니다.

생명의 강을 순례하며 만난 10대들

기세춘 | 한학자

나는 지난 4월과 5월 두 차례 생명의 강을 모시는 종교인들의 100일 순례단을 따라 강변을 걸은 적이 있습니다. 그날 순례 길은 수안보에서 탄금대까지의 일정이었습니다. 아침 8시 반에 출발하여 오후 4시에 탄금대에 도착했습니다. 날씨는 더웠으나 시원한 강바람을 쐬며 걸으니 상쾌했습니다. 신부님, 목사님, 스님, 교무님 등 종교인들과 교사, 시인, 소설가, 그리고 이들과 함께하기 위해 동참한 아저씨 아주머니들, 또 그날은 특별히 지리산의 대안학교인 '작은학교'의 중·고등학생들이 동참했습니다.

오전 8시 강가에 모였습니다. 어른들은 서로들 수인사

를 나누고 안부를 묻느라 바빴고 아이들은 조약돌을 주워 강물에 물수제비를 떴습니다. 인솔자의 구령에 따라 참가자 모두 둥글게 원을 그리고 묵상을 하는 것으로 조회 의식을 마치고 곧 출발했습니다. 모두 한마음 한뜻이었으므로 참가자의 소개도 인사말도 연설도 기도도 필요 없었습니다. 묵언 순례이기에 말없이 걷기 시작했습니다. 처음에는 산의 신록과 꽃들, 병풍 같은 산위의 구름들을 보았습니다. 조금 가다가는 길가의 들꽃과 과수나무와 밭의 고추, 고구마, 마늘을 보면서 걸었습니다. 조금 시간이 지나자 강물과 강물에 비친 산 그림자만 바라보고 걸었습니다. 조금 지쳐가자 땅바닥만 보고 걸었습니다.

　강물에 비친 산 그림자는 한 폭의 그림이었습니다. 여울에 비친 그림자가 산들바람에 일렁이는 모습은 신선세계인 듯 환상적이었습니다. 강물에 내 얼굴을 비쳐보면 어떨까? 강물에 풍덩 뛰어들어 멱을 감으면 어떨까? 그물을 던지면 고기가 잡힐까? 그러나 아무도 강물에 손을 담그는 이가 없었습니다. 그도 그럴 것이 이제 강물은 식수원은 고사하고 농업용수로도 쓰지 못할 정도로 오염되었으니 누가 그 시궁창에 손을 담그려 할까요?

마침 내 앞뒤에는 학생이 걷고 있었습니다. 무심코 뒤돌아보니 너무 앳되었습니다. 그의 얼굴에서 나의 어릴 적 모습을 떠올려보았습니다. 그러나 그의 얼굴에서 나의 모습을 찾는다는 것은 부질없는 짓이었습니다. 저 강물에 비추인 내 얼굴에서도 내 어릴 적 모습은 없을 것이기 때문입니다. 그 학생들도 내 얼굴에서 그들의 모습을 발견하지 못할 것입니다. 옛사람은 아버지 얼굴이 그리우면 형님 얼굴을 보았고, 형님 얼굴이 그리우면 강물에 내 얼굴을 비추어 보았다고 합니다. 그러나 세월이 얼마나 빠르게 변하는지 할아버지와 아들과 손자는 서로의 얼굴을 알아보지 못하게 된 것이 아닐까요?

나는 10살 때 일제로부터 8·15 해방을 맞았고, 민족분단과 6·25 전쟁, 이승만 독재와 4·19혁명, 5·16 쿠데타와 군사독재, 6월 혁명과 IMF 환란, 여야 정권교체와 6·15공동선언 등을 겪은 70대 노인세대이므로 오늘날 탈근대적인 10대를 잘 알지 못합니다. 그러니 2008년의 반동과 촛불문화운동을 설명할 수도 없습니다. 그래도 우리 4·19세대는 6월 혁명의 주역들인 이른바 386세대들과는 한 광장에서 한 목소리를 냈으므로 그들의 얼굴에서 우리의 모습을 찾을 수 있다고 생각했습니다. 그러나 오늘의 10대들은 근대적 가치를 모두 내팽개친 명품 마니아들이며, 전통과 단절된 시장과 광고의 자동인형일 뿐이라고 생각했었습니다. 10대들은 서양 문물의 천박성과 퇴폐성에 물든 이기주의 쾌락주의자들로서 민족도, 국가도, 사회도, 공동체도, 가족도 모르며, 신성함이나 고귀함, 사명감, 의무감이란 전혀 없는 깃털처럼 가벼운 아이들이라고 지레짐작했습니다. 그런데 오늘 나와 손을 마주잡고 함께 걷고 있는 저 아이들은 누구란 말인가요? 청계광장에서 촛불을 든 저 아이들은 우리들의 손자가 아니란 말인가요? 나는 소스라치게 놀랐습니다. 내가 과연 그들을 알기나 하는지, 혼돈에 빠져들고 말았습니다.

혹시 나의 할아버지들이 우리를 보았을 때도 똑같은 실망감을 느끼지 않았을까? 지금껏 나는 우리 선조들의 전통문화는 우리 세대로서 끝났다고 한탄했는데 그것이 아니란 말인가? 우리만이 민족정통성을 계승한 이 땅의 진정한 주인이므로 당연히 통일의 주체세력이 되어야 한다고 굳게 믿어왔는데 과연 그럴까? 생각하면 할수록 점점 더 혼란해지기만 하니 어찌된 일인가?

이런저런 상념에 젖어 말없이 걷고 있는데 어느덧 점심 시간이 되었습니다. 같이 걷던 몇 사람들이 강변 정자에 자리를 잡았습니다. 우리는 이름도 성도 모르는 남녀노소 가릴 것 없이 옹기종기 모여 준비해온 점심 보따리를 풀어 놓고 담소를 나누며 밥을 먹었습니다. 우리는 모두 어느새 한 형제가 되어 있었던 것입니다.

오후 1시부터 다시 강 길을 걸었습니다. 나는 최근 십여 년 동안 등산은 고사하고 산보도 않았기에 종아리에 알이 배어 절뚝거리며 뒤처지고 말았습니다. 주위에서 지인차량에 타라고 권유했으나 어린 학생들에게 부끄럽기도 하고 병자도 아니기에 끝까지 걷겠다고 우겼습니다. 어느 목사님이 지팡이를 빌려주어 세 발로 걸으니 조금 나은 듯했습니다. 이제는 산도 들도 강도 보지 못하고 땅바닥만 바라보고 걸었으나 힘이 부쳤습니다. 그러나 상념은 계속해서 머리를 맴돌았습니다.

내 일생을 회고해보면 철이 들고부터 70이 넘은 오늘까지 온통 '운동' 속에서 살아온 듯합니다. 이른바 운동권인 나는 한 번도 출세하여 성공하리라는 개인적인 야망은 꿈도 꾸지 못하고 살아왔습니다. 산골마을에 태어난 서당집 아이라서 더욱 그렇겠지만 대체로 우리 70대 노인들은 10대 때부터 벌써 우리나라는 왜 이처럼 가난한가? 라는 화두로 '후진국 개발론'에 몰입한 세대들입니다. 1950년대의 중·고등학생들은 농촌계몽운동을 하는 것을 학생의 본분처럼 여겼었습니다. 60년대부터는 민주화 통일운동, 80년대부터는 시민운동이 활발했고, 90년부터는 환경운동이 활발했습니다.

그러면 지금 생명의 강을 모시는 순례나 광우병 촛불은 무슨 운동일까? 이제 생각해보니 미선, 효순 양의 촛불도, 강을 섬기는 발걸음도, 광우병을 경고하는 촛불도 모두 생명을 주제로 하는 것이었습니다. 아! 그렇습니다. 이것은 생명운동입니다. 민족운동도 민주운동도 사회운동도 시민운동도 아닌 생명운동인 것입니다. 그것은 개인주의도 사회주의도 민족주의도 아닌 생명주의인 것입니다. 젊은이도 늙은이도, 남자도 여자도, 부자도 빈자도, 노동자도 자본가도, 보수도 진보도 모두 함께 공유하는 생명운동인 것입니다. 사실 생명이야말로 데카르트의 제1원리인 '코기토cogito' 보다 앞서고, 아무도 이의를 달 수도 없고 의심할 수도 없는 자연적이며 근원적인 제1의 원리가 아니었던가요? 아! 지금 우리는 종교와 문명 그리고 이념과 계급의 차이를 넘어 원초적인 생명이라는 주제에 공감하고 있으니 놀라운 일이 아닌가요?

이제야 생명의 근원은 물이라고 말한 탈레스Thales, BC 640?~546?와 관자管子, ?~645?의 말이 다시금 절실하게 다가왔습니다. 인도인들이 강을 신성시하고 강의 여신 '강가'를 숭배하며 강에서 정화의 목욕의식을 행하는 '쿰바멜라' 축제에 무려 8천만 명이 넘는 사람들이 몰려드는 이유를 이제야 알 것만 같습니다.

물! 물이란 화두에 정신이 팔려 시간 가는 줄 모르고 걷는데 잠시 쉬는 시간을 알립니다. 풀밭에 앉아 알 박인 종아리를 주무르며 시원한 생명의 물을 마셨습니다. '물은 생명이다', '강은 생명의 어머니다'라는 화두가 온몸에 전율처럼 스며들었습니다. 그때 '보도'라는 완장을 찬 어느 청년이 내게 다가와 질문을 던졌습니다.

"이명박 정부의 운하계획은 이제 끝난 것 아닙니까?"

나는 멍청해져서 그 질문을 금방 대답할 수 없었습니다. 나는 오늘 온종일 강과 물만 생각했지 운하 문제를 잊고 있었으니 말입니다.

한참을 생각하다가 나는 겨우 정신을 가다듬고 단정적으로 대답했습니다. 결코 끝나지 않았다고. 사실 이명박 정권에게 운하 철회를 기대하는 것은 어쩌면 고양이에게 눈독들인 생선을 먹지 말라고 타이르는 턱없는 짓인지도 모릅니다. 겉으로는 교회에 나가든지 절간에 나가든지 상관없이, 돈을 신으로 모시는 시장근본주의자들은 돈이 되고 이익이 되면 강을 죽이든지 광우병에 걸리든지 아랑곳하지 않기 때문입니다.

문제의 핵심인 광우병의 발단은 축산업자들이 돈과 이윤을 위해 풀을 먹고 자라는 초식동물인 소에게 동물성 사료를 먹여 육식동물로 키우는 데 있습니다. 소를 육식동물로 변종시킨 것입니다. 아니 그것보다도 더합니다. 그 어떤 육식동물도 제 동류를 잡아먹지는 않습니다. 호랑이도 호랑이를 먹이로 잡아먹지 않습니다. 사자도 늑대도 사자와 늑대를 먹이로 삼지 않습니다. 그런데 풀을 먹는 소에게 소를 잡아 뼈와 내장을 먹인 것입니다. 그러니 소가 미치지 않을까요? 만약 인간이 인간을 먹이로 삼아 잡아먹고 산다면 미치지 않을까요? 이는 자연의 순환 질서를 어기는 것이니 자연의 재앙을 받는 것은 당연합니다. 그러나 돈을 신으로 모시고 시장을 신으로 섬기는 자들은 돈을 위해서라면 그런 재앙은 겁내지 않을 것입니다. 그들은 돈이 되는 일이라면 인간의 사체도 가공하여 인간의 먹거리로 내놓을 것입니다. 그런 그들이라면 강물쯤이야 돈을 위해서라면 무슨 짓인들 못할까요?

생각이 여기에 미치자 촛불을 든 소년들이 천사처럼 느껴졌습니다. 우리 같은 늙은이의 무딘 감성을 일깨워주었기 때문입니다. 그러므로 소가 소를 잡아먹도록 강제하는 인간의 반생명적 행위를 회개 할 때까지는 우리의 촛불은 꺼지지 않아야 하겠습니다.

또한 어린 학생들의 피켓은 '미친 소', '미친 교육'을 거부하고 있습니다. 소가 소를 잡아먹어 미친 것처럼 너와 내가 서로를 잡아먹도록 살인경쟁을 강요하는 미친 교육에 대한 저항이 촛불의 진정한 의미였던 것입니다.

우리는 지금 10대들의 촛불에서 새로운 문명의 태동을 보고 있는 것입니다. 포스트모더니즘의 시발점이라고 평가하는 1968년 프랑스의 5월 혁명의 불씨보다 더욱 근본적이고 밝은 문화혁명의 불씨를 지금 우리는 보고 있는 것입니다. 우리 어른들이 할 일은 우리의 아들과 손녀들의 생명의 촛불이 어른들의 반생명적인 폭력문화에 오염되지 않도록 지켜주는 일입니다. 폭력은 남의 생명을 억압하는 반생명적인 것이기 때문입니다. 그러기에 나는 기원전 6세기의 현자인 화자華子의 다음과 같을 말을 전해주고 싶습니다.

온전한 생명이 최상이고, 훼손된 생명은 그 다음이며, 죽음은 그 다음이고, 억눌린 생명은 그 최하이다. 이른바 억눌린 생명은 육욕六欲이 그 적합함을 얻지 못하므로 모두 싫어함만 남는다. 굴복이 바로 그것이요 수치가 바로 그것이다. 수치는 불의보다 큰 것이 없다. 불의는 생명을 억압하기 때문이다. 그러나 그것만이 생명을 억압하는 것은 아님을 알아야 한다. 그러므로 '억압된 생명은 죽음보다 못하다'고 말하는 것이다.

또한 생명의 촛불은 정권투쟁이 되어서는 안 됩니다. 생명은 천하보다도 귀한 것이므로 생명운동이 정치운동으로 저급화되어서는 안 되기 때문입니다. 정권투쟁은 대학생이나 어른들에게 맡기고 10대들의 촛불은 생명운동으로 일관해야 합니다. 우리는 여기서 생명은 천하보다도 존

귀한 것임을 일깨워준 선인들을 상기해봅시다.

지금 너에게 천하를 주겠으니 네 목숨을 바치라고 한다면 그렇게 하겠느냐? 반드시 하지 않을 것이다. 왜냐하면 천하가 아무리 귀하다 해도 목숨보다는 못하기 때문이다.

『묵자』, 「귀의」편

천하를 위하는 것보다 생명을 귀해주고 위해준다면 천하를 맡길 만하다.

『노자』 13장

생명을 무겁게 보라! 생명을 무겁게 보면 이로움은 가벼워진다.

『장자』, 「양왕」편

우리의 촛불은 생명운동을 지구적으로 심화시키는 등불이 되어야 합니다. 미국, 캐나다, 영국, 프랑스 청소년들도 촛불을 들고 나와야 합니다. 생명은 민족과 국가보다 중요하고 그 어떤 이념이나 가치보다 중요합니다. 내 생명이 중요하면 남의 생명도 중요합니다. '미친 소는 너나 먹어라!' 는 구호는 생명주의가 아닙니다. 미국 청소년들도 미친 소를 먹어서는 안 됩니다. 사랑이란 남의 생명을 존중하는 것입니다. 전쟁과 억압과 굶주림은 가장 대표적인 반생명 문화현상입니다. 그러므로 반전反戰 평화平和 자유 自由 진휼賑恤은 생명 사랑의 구체적인 덕목입니다. 우리 아이들의 작은 생명의 촛불은 가녀린 나비의 조그만 날갯짓이 대양을 건너 폭풍이 되듯이 미국뿐 아니라 세계의 아이들과 소통 호응할 수 있을 것입니다.

10대들의 촛불은 유모차를 끄는 아줌마들을 광장으로 불러들였습니다. 사실 아줌마들은 원래부터 생명주의자들입니다. 살림살이를 담당하는 주체들이기 때문입니다. '살림살이' 란 '생명 살림의 삶' 이란 뜻입니다. 원래 우리 선인들은 이를 '生生생명살림' 이라 썼고 그것이 다시 '生活생명살림' 로, 다시 '살림살이' 로 변한 것입니다. 선인들은 아줌마는 '안살림' 을 담당하고, 아저씨는 '밖살림' 을 담당하는 것으로 분별했으나, 밖살림도 안살림을 위한 것이기에 살림살이의 주체는 아줌마들이었습니다. 더구나 요즘 아줌마들은 아기 키우느라 책 한 권 안 읽는 교양 없는 아줌마들이 아닙니다. 그녀들은 자녀가 한둘뿐이고 가사노동에 매몰되지 않고 많은 시간을 독서와 인터넷 정보에 할애하는 고도한 지성인들입니다. 우리 늙은이들은 흔히 딸은 어여삐 보면서도 똑같은 여성인 며느리는 '제 자식만 아는 이기주의자들'이라고 탓하기 일쑤입니다. 그러나 이제 그녀들은 생명살림의 본분을 알았고 남의 생명까지 살리려는 촛불의 광장으로 나오고 있습니다. 이 얼마나 아름다운 며느리들의 모습인가요?

우리 선조들은 오랜 옛날부터 생명살림을 최고 덕목으로 삼았습니다. 그래서 천지의 덕을 생명을 낳고 기르는 생명살림의 마음 즉 '생생지심生生之心'이라고 보았고 그 하늘마음을 우리 마음속에 품부 선천적으로 타고 남 받았다고 생각했습니다. 그래서 선비들의 마음공부란 곧 생생지심을 보존하고 기르는 것이었습니다.

엊그제까지도 할아버지들은 꼬였던 일이 순순히 풀리면 모두 한결같이 "그러면 그렇지! 원형리정元亨利貞이야!"라고 말씀하시곤 했습니다. 어릴 때는 '원형리정'이 무슨 뜻인지도 모르고 그냥 건성으로 따라 하곤 했습니다. 나는 서당에 가서 주역을 배웠는데 그때서야 그 말이 주역에서 나온 말인 것을 알았습니다. 이제는 『주역』을 다 잊어버렸으나 '원형리정'이라는 말 한마디만은 기억하고 있습니다. 사실 『주역』이라는 책은 '원형리정' 이라는 말 한마디가 전부라고 해도 과언이 아닐 정도로 가장 중요한 강령입니다.

『주역』은 '원형리정은 천지의 덕이고 그 덕을 우리의 마음에 품부 받은 것이 인의예지仁義禮智' 라고 가르치고 있습니다. 즉 사람의 본성에는 인의예지 4덕이 있는데, 이 것은 천지의 마음인 원元 · 형亨 · 리利 · 정貞 의 이치를 품 부 받은 것이라고 합니다. 주역의 해석에 의하면 '元원'은 개개 사물의 생명의지生命意志이며, '亨형'은 생명의지가 형통하는 것이며, '利리'는 생명의지를 이루는 것이며, '貞정'은 생명의지를 저장하는 것이라고 말합니다. 다시 말하면 하늘과 땅의 마음은 생명을 낳고 살리는 마음 즉 '생생지심' 이라는 뜻입니다.

퇴계 선생께서 "천지의 가장 큰 덕은 생명" 이라고 말한 것도 같은 맥락입니다. 이에 선비들은 내 마음 속에 품부 받은 하늘의 '생생지심' 을 보존하고 길러 천명天命을 받 드는 것을 '경敬' 이라 하고 '성誠' 이라 말합니다. 敬과 誠 을 수양의 덕목으로 삼아 천지의 '생생지심' 을 기르면 천 인합일天人合一의 인극人極, 지극한 경지을 이루게 된다는 것입니다. 그래서 우리는 학교마다 '성誠'이란 글자를 교훈으로 급훈으로 써 붙이고 생명을 낳고 살리는 하늘마음이 되고자 다짐했던 것입니다. 이처럼 생명 사랑은 모든 도덕의 으뜸 덕목이요 모든 가치의 근원적 원리이며, 그것을 펴면 인의예지가 되는 것입니다.

우리는 옛 선비들의 생명살림의 마음을 잊어버렸지만 아줌마들은 그것을 무심코 실천해오고 있었고 촛불을 들고서야 그것의 참된 의미를 다시 새기고 있었던 것입니다.

어느덧 탄금대에 도착하여 출발 때와 똑같이 손을 잡고 빙 둘러 서서 서로서로 등을 두드려주고 묵상을 하는 것으로 하루의 순례를 마쳤습니다.

생명의 강 순례는 나에게 잊지 못할 추억이 될 것입니다. 10대들과 함께한 오늘 하루는 행복한 시간이었습니다. 이제 생명의 강을 걷고 촛불을 든 그대들에게 깃털처럼 가벼운 철부지 아이들이라고 실망했던 내가 부끄러울 뿐입니다. 그리고 며느리에게 이기주의자들이라고 비난했던 나는 촛불은 든 아줌마들에게 사죄를 드립니다. 우리 70 노인들은 흐르는 물을 거울로 삼지 말고 사람을 거울로 삼으라고 배운 세대입니다. 그러나 이제부터 우리는 역사에서만 배울 것이 아니라 흐르는 물을 거울로 삼고 자연에서 그리고 일상의 살림살이에서 더 많은 것을 배워야겠습니다. 그리고 훌륭하게 성장하는 그대들이 눈물겹도록 고맙습니다. 10대들이여! 미래는 그대들의 것입니다. 그대들의 촛불에서 새로운 시대의 희망을 봅니다. 생명의 촛불은 검은 하늘 아래 작은 모닥불처럼 멀리멀리 모든 생명체들을 깨워 불러 모을 것입니다. 촛불이 자랑스럽습니다.

기세춘

• 1935년 전북 정읍에서 태어나 한학과 동양철학을 공부한 재야 운동가이며 학자이다. 조선 중기 성리학자 기대승의 후손으로 4·19 혁명에 가담했으며, 5·16 쿠데타에 좌절하기도 했다. 1963년 동학혁명연구회를 만들어 후진국개발론, 통일문제를 파고들다 3선개헌을 획책하던 박정희 정권에 의해 '통혁당 사건'에 연루돼 신영복 교수 등과 함께 고초를 겪었다. 우리나라에서 처음으로 『묵자』를 완역 출간한 바 있고, 문익환 목사와 『묵자』에 대해 옥중서신으로 토론 논쟁한 글을 묶은 『예수와 묵자』를 출간하기도 했다. 저서로는 『동양고전산책』1·2권, 『성리학개론』1·2권, 『장자』, 『노자 강의』 등이 있다.

노동문제가 청소년과
무슨 상관인가요?

하종강 | 한울노동문제연구소장

신 성 불 가 침 의   권 리 ,   파 업

〈뉴욕에서 온 남자, 파리에서 온 여자〉라는 영화가 있습니다. 프랑스 배우 '줄리 델피Julie Delpy, 1969~'가 출연도 하고 감독도 맡은 영화입니다. 그 영화의 초반부에 이런 장면이 나옵니다. 집에 좀 늦게 들어온 딸에게 엄마가 이유를 묻자, 딸이 답합니다. "데모 때문에 차 막히고 난리났어요." 그 말을 들은 엄마는 딸에게 이렇게 충고합니다. "불쌍한 간호사들 파업도 못하니? 여기는 미국이 아니야."

간호사들이 거리에서 파업하며 집회를 여는 바람에 길

이 막혔지만 그 사람들의 권리도 존중해야 한다는 뜻입니다. 길이 막혀 교통 정체가 발생했다고 불평하면서 파업하는 노동자들을 비난하는 것은 매우 교양 없는 행동이고 '천박한 자본주의'라는 말을 듣는 미국 사람들이나 그렇게 한다는 뜻입니다.

프랑스에서 21년 동안 망명자로 살다가 돌아온 홍세화 선생님은 프랑스 사람들의 이러한 정서를 '똘레랑스 tolerantia'라는 단어로 표현합니다. 지금은 이 개념을 제대로 모르는 학생은 논술을 제대로 못할 정도로 중요한 단어가 됐습니다.

주한 프랑스대사관의 '다니엘 르 가르가송' 부대사는 몇 년 전 EBS TV 프로그램에서 이렇게 말했습니다.

"프랑스에서는 대부분의 여론이 파업에 대해 이해심을 보이는 편입니다. 파업권이 필수적인 사회 권리라는 신념이 뿌리 깊게 박혀 있기 때문에 문제 삼지 않는 편입니다. 일반인들이 파업으로 인해서 생활이 불편하더라도, 언젠가는 그들도 파업권을 주장할 수 있다는 생각을 가지고 있기 때문입니다. 그러므로 이 같은 신성불가침의 권리를 문제 삼는 일은 하지 않는 것입니다."

프랑스에서는 노동자가 파업을 해서 경제적으로 손실을 발생시키고 시민들을 불편하게 만들 수 있는 권리를 '신성불가침의 권리'라고 표현합니다. 너무나 신성해서 아무도 비난할 수 없는 권리라는 뜻입니다. 프랑스만 특별히 그럴까요?

〈빌리 엘리어트〉란 영국 영화가 있습니다. 시골 광산에서 파업을 하는 광부가 어린 아들을 데리고 런던에 있는 '로열 발레 스쿨'에 면접시험을 보러 가기까지 겪는 여러 가지 사연들이 영화의 중심 내용입니다. 장기 파업 중이어서 돈이 거의 없는 상황이라 소년은 저금통을 다 털고, 광부는 부인의 유품인 금반지와 팔지를 내다 팝니다. 그래도 모자라는 여비는 동료 광부들이 한 푼, 두 푼 모아줍니다. 참 눈물겨운 장면이지요. 아버지와 아들이 그 돈을 움켜쥐고 런던까지 가서, 왕립 발레학교 강당에서 면접시험을 다 끝낸 뒤, 주눅이 들고 실망을 해서 강당을 나가려고 하는데, 왕립 발레학교의 교장 선생님이 마지막 인사를 이렇게 합니다. "파업에서 꼭 이기세요.Good luck with this strike!"

영국 왕립 발레학교 교장이면 그 사회에서는 최상류층 인사에 속하는 사람인데, 산골 광산에서 파업하다가 올라온 광부에게 "파업에서 꼭 이기세요"라고 인사하는 장면, 바로 이러한 정서를 영국판 '똘레랑스'라고 할 수 있겠죠. 이것이 흔히 말하는 '글로벌 스탠더드'입니다. 이것이 노동자의 파업을 바라보는 다른 나라의 표준적 시각입니다. 우리나라처럼 노동운동을 혐오하도록 국민들을 훈련시켜 온 사회는 별로 없습니다. 우리 사회는 노동문제를 바라보는 시각이 다른 나라와 많이 다릅니다.

노 동 조 합 이 나 하 고 관 계 가 있 을 까 ?

대학생들의 초청을 받고 가끔 노동문제에 대한 강연을 하러 대학교에 갈 때가 있습니다. 강연을 주최한 학생회 간부에게 노동문제에 대한 강연을 준비한 이유를 물어보면 이렇게 답하곤 합니다. "대학생들도 국민의 한 사람인데, 노동문제를 이해해야지요."

참 기특한 학생들입니다. 그러나 그렇게 대답하는 학생

들의 얼굴에서 자신도 곧 노동자가 된다는 것을 미리 짐작하는 기색은 별로 없습니다. 나중에 노동자가 되거나 적어도 노동자의 가족이 될 수밖에 없는 학생들이 노동문제를 자신과 별로 관계없는 문제라고 생각합니다. 강 건너 남의 일처럼 생각합니다. 대학생들이 넓은 아량을 가지고 이해해야 할 '노동자들만의 문제'라고 생각합니다. 지금까지 우리 사회의 학교 교육과 언론이 학생들에게 그렇게 가르쳤기 때문입니다.

혹시, 석사나 박사학위를 갖고 있는 연구원들이 만든 노동조합이 우리나라에 벌써 수십 개나 있다는 것을 아시나요? 프랑스에는 판사노동조합과 변호사노동조합도 있고, 다른 나라에는 대부분 경찰노동조합이 있다는 것을 아시나요? 그 지극히 당연한 사실을 까맣게 모르고 있었다면 여러분은 지금까지 누군가에게 속아 살아온 것입니다.

지난 해 한 방송사에서 여성 아나운서를 공개 채용했는데 경쟁률이 무려 900대 1이었습니다. 그 치열한 경쟁을 뚫고 합격한 아나운서들이 모두 노동조합에 가입해 있고 매달 자기 월급에서 꼬박꼬박 조합비를 내고 있다는 사실은 아시나요? MBC의 〈100분 토론〉을 진행하는 손석희 씨

아시지요? 그 사람도 오래 전 방송노조 파업에 앞장섰다는 이유로 구속돼서 징역을 50일이나 살았던 경험이 있습니다. 그렇다면 이건 어떤가요? 인기 있는 탤런트들도 모두 노동조합원이라는 사실에 대해서는 어떻게 생각하세요?

노동조합은 공부를 별로 못하고 힘든 일을 주로 하는 육체노동자들만 가입해서 활동하는 조직이라고 막연히 짐작하고 있는 사람들이 많았을 겁니다. 그러나 다른 나라의 청소년들은 그렇게 생각하지 않습니다.

청소년들 중에서 나중에 공장에 취업해 일하게 되는 사람은 물론 그 회사에 있는 노동조합에 가입하게 되겠지요. 뿐만 아니라, 공무원 임용시험에 합격해서 공무원이 되는 사람은 공무원노조에 가입하게 될 것이고, 선생님이 되는 사람은 전교조에 가입하게 될 것입니다. 박사학위를 받고 연구소에 연구원으로 취업을 하면 그곳에도 노동조합이 여러분을 기다리고 있을 것이고, 방송국에 아나운서·PD·기자로 취업하면 그곳에서는 언론노동조합이 여러분을 기다리고 있을 겁니다.

우리나라는 노동자·노동조합·노동운동이라는 단어에 수십 년 세월 동안 그릇된 인식을 사람들에게 주입시켜온 사회입니다. 문제는 그 잘못된 시스템을 '대한민국'에서 태어나 살아온 사람들이 잘 느끼지 못한다는 것입니다. 학생들이 나중에 자라면 대부분 노동자가 되거나 최소한 그 가족이 노동자가 될 수밖에 없고, 국민들 대부분이 노동자와 그 가족으로 구성된 사회인데 학교에서 노동문제에 대해 제대로 가르치지 않는다는 것은 결코 정상적인 상황이 아닙니다.

'노동문제에 대해서 내가 갖고 있었던 생각이 혹시 틀린 것은 아닐까?' 하는 의문을 품어볼 필요가 있습니다.

다른 나라 학교의 노동교육

강릉 지역에서 교사들에게 강연을 한 적이 있는데 그날 교사 엄마를 따라온 중학생이 있었습니다. 강연이 끝나고 그 중학생이 질문지에 이런 내용을 적었습니다.

"학교에서 선생님이 '우리나라는 노동 3권이 지나치게 많이 보장돼 있어서 경제 성장에 걸림돌이 되고 있다'

고 가르치셨고, 그것이 제가 학교에서 노동 3권에 대해 배운 전부입니다. 다른 나라 학생들은 어떤가요?"

우리가 흔히 '선진국'이라고 부르는 나라에서는 초등학교 정규 수업 과정에서부터 철저하게 노동문제에 대해서 가르칩니다. 독일 사회과목 교과서에는 '노사관계는 인간이 자기를 실현하며 살아가는 가장 중요한 관계이며 민주주의와 공동결정의 장'이라고 정의하고 있습니다. 교실에서 공부하는 학생들 대부분이 나중에 노동자가 되거나 노동자 가족이 되는 사회에서는 학교 수업시간에 노동문제에 대해 충분히 가르치는 것이 당연한 일입니다.

독일 중등학교 사회과목의 한 교과서에서는 모두 340쪽의 분량 중에 93쪽을 노동교육에 할애하고 있습니다. 청소년 실업에 관한 내용만 29쪽이나 되는 교과서도 있습니다. 추상적이고 이론적인 내용만 가르치는 것이 아니라 눈앞에서 벌어지고 있는 생생한 사실들을 토론 주제로 다루고 있습니다. 노동조합과 회사가 체결한 단체협약, 임금협약, 노동조합이 발표한 성명서, 노동문제에 대한 신문기사 등이 교과서에 모두 수록돼 있습니다.

초등학교에서부터 '모의 노사교섭'이 일상화된 특별활동으로 자리 잡혀 있어, 기업 경영에 관한 각종 자료들이 주어지면 학생들이 스스로 경영자 대표들을 뽑고 노동조합 대표들을 뽑아 임금협상을 하고 단체협약을 체결해보기도 합니다.

독일에 직접 가서 본 선생님의 말을 들어보았더니 교실마다 조금씩 다르게 하고 있더랍니다. 한 교실에서는 공무원노조 모의 노사교섭을 하고 있고, 그 옆 교실에서는 금속노조 모의 노사교섭을 하고 있고, 그 옆 교실에서는 금융노조 모의 노사교섭을 하고 있더라는 것입니다. 독일 초등학교 교과서에서 단체교섭을 가르치는 부분의 목차를 한번 볼까요?

〈협상단계〉

1. 모든 분임조들이 모여서 교섭을 시작한다.

2. 분임조별로 협상하고 동맹을 형성한다.

3. 팀별 요구서를 작성한다.

4. 서명운동을 전개하고 항의문을 작성한다.

5. 플래카드와 벽보를 만든다.

6. 협약을 체결한다.

7. 대중매체 언론과 인터뷰한다.

8. 연설문을 작성한다.

이러한 내용들에 대해서 수업시간에 다 가르친다는 것입니다. 초등학생에게 가르치는 수준이 이 정도입니다.

독일 한 나라만 예로 들었을 뿐이지, 다른 나라들도 대부분 마찬가지입니다. 프랑스에서는 고등학교 1학년 과정이 되면, 인문·실업계 공통으로 사회과목 시간에 삼분의 일 정도의 비중으로 가르치는 내용이 '단체교섭의 전략과 전술'입니다. 우리는 '아니 왜 고등학교에서 학생들에게 단체교섭의 전략과 전술을 몇 달 동안이나 가르치는 거야?' 그렇게 생각하겠지만, 국민들이 이러한 지식을 서로 공유하는 것이 사회 발전에 유익하다는 것을 역사 속에서 깨달을 기회가 있었던 나라에서는 충분히 가능한 일입니다.

이러한 내용의 교육을 받으면서 노동자가 되는 사회와 이러한 교육을 전혀 받지 못한 채 노동자가 되는 사회, 이러한 교육을 받으면서 경영자가 되는 사회와 이러한 교육을 전혀 받지 못한 채 경영자가 되는 사회에서는 노동문제를 이해하는 수준이 같을 수 없습니다. 거의 하늘과 땅만큼 큰 차이가 생길 수밖에 없습니다.

제 수업을 듣는 한 대학생이 기말시험 답안지에 이런 내용의 글을 적었습니다. "부모님이 모두 노동자인 집안에서 자랐으면서도 지금까지 노동문제에 전혀 관심이 없었던 자신에 대해 스스로 놀랐다." 또 다른 학생은 "나도 노동자가 되리라는 것을, 그것도 비정규직 노동자가 될 가능성이 높다는 것을 한 번도 생각해보지 못한 자신이 어리석었다"라고 적기도 했습니다. 다른 나라에서는 초등학생 정도면 충분히 할 수 있는 생각인데, 우리나라 대학생들은 한 학기 동안 노동문제와 관련된 교양과목 강의를 듣고 나서야 이런 생각들을 하게 됩니다.

비정상적 근대화 과정이 우리 사회에 미친 영향

우리나라 노동문제에 대해서 이야기할 때, 왜곡된 역사 발전 과정을 강조하면 어떤 사람들은 "노동문제에 대해 이야기하면서 굳이 일제 식민지 시절까지 들추어낼 것은 뭐냐?"고 탓하기도 합니다. 그러나 지금 우리나라 노동자들이 처해 있는 특별한 상황을 바르게 이해하기 위해서는 일제 식민지와 분단이라는 비틀린 역사가 우리에게 어떤 의미를 갖고 있는 것인지 제대로 알아야 합니다.

우리가 근대 사회를 건설한 과정은 서구 자본주의 국가와 매우 달랐습니다. 유럽 대부분의 나라에서는 중세 사회가 해체되는 과정에서 새로운 시민계급이 출연했습니다. 해방된 농노와 몰락한 영주, 숙련 노동자와 소생산 자영업자들이 모두 새로운 시민계급으로 편입됐습니다.

근대와 중세 시대를 가르는 가장 큰 사상적 차이는 "인간은 평등하다"는 것이 상식인 시대와 그렇지 않은 시대라는 것입니다. "인간은 평등하다"는 생각이 인류의 보편적 상식이 된 것은 2백 년 정도밖에 되지 않았습니다. 그이전의 훨씬 긴 역사 속에서 인간은 태어날 때부터 종류가구별되는 것이 상식이었습니다. 시민계급이 형성되고 시민혁명이 발생한 과정은 그 사회의 구성원들이 평등하게 살아가기 위해서 각자에게 어떤 시민적 권리가 존중돼야하는지를 피눈물 나게 깨닫는 과정에 다름 아닙니다.

우리나라는 역사 발전 과정에서 그 소중한 체험의 기회

를 박탈당했습니다. 우리 스스로의 계획과 전혀 무관하게 어느 날 갑자기 일제 식민지라는 기형적 방식으로 자본주의 사회로 편입돼버렸습니다. 자본주의의 사회에 필요한 의식을 깨닫는 과정이 역사 속에 사라져버린 것입니다.

예를 들어, '양반'과 '상놈'으로 구분되는 불합리한 신분제도를 우리가 스스로 해체하지 못했습니다. 정상적인 과정이라면 이런 겁니다. 시대를 조금 앞서가는 사람들이 먼저 깨닫고 주장하겠지요. "인간은 평등합니다. 사람을 차별하는 것을 옳지 않습니다. 태어날 때부터 양반과 상놈으로 인간을 구별하는 신분제도를 없앱시다." 그 주장에 대해서 얼마나 많은 반대가 있었겠습니까? "이런 무식한 놈들, 반상의 법도가 엄연하거늘……" 하면서 500년 종묘사직이 다 들썩거렸겠지요. 작은 제도부터 커다란 제도까지 사회제도가 근대적으로 바뀔 때마다 사회를 구성하는 세력들이 서로 논쟁을 벌이고, 치고받고 싸우고, 갑론을박하고, 이합집산하면서 깨닫는 소중한 경험이 '일제 식민지'라는 비정상적인 과정 때문에 역사 속에서 사라져버린 것입니다.

해 방 된 뒤 우 리 사 회 에 서 벌 어 진 일

해방 뒤에 곧 이어진 분단으로 식민지 시대의 모순을 극복할 수 있는 기회 또한 상실했습니다. 식민지라는 불행한 경험에 분단의 비극이 더해진 겁니다. 동족을 배신했던 식민지 부역자, 매국노, 반민족행위자들이 해방된 뒤에도 그 사회의 근대화 과정과 경제 개발의 주역을 계속 담당한 나라는 대한민국과 월남뿐이라고 합니다. 그 이유가 무엇일까요? 두 나라의 역사에는 공통점이 있습니다. 식민지에서 해방되면서 동시에 분단으로 이어진 것입니다.

분단 상황은 노동자의 권리를 심각하게 침해합니다. 예를 들어 "철도노조 파업으로 기차가 멈추고, 교사 파업으로 학교가 문을 닫고, 공무원까지 파업해서 행정기관이 마비됐을 때 북쪽에서 쳐들어오면 어떻게 할 거야?" 그런 정서가 사회를 지배하게 됩니다. 그래서 우리나라는 세계에서 드물게 공공부문 노동자들은 파업을 못하고, 교사와 공무원들은 노동조합을 설립할 수 없는 이상한 제도가 만들어졌습니다. 공무원노조의 주장에 따르면, 국제노동기구ILO에 가입한 176개 나라들 중에서 공무원 노조가 불법

인 나라가 딱 두 나라밖에 없었는데 그 중에 하나가 우리 나라였다는 겁니다. 〈태극기 휘날리며〉, 〈쉬리〉, 〈웰컴 투 동막골〉, 〈실미도〉 등 최대 관객을 동원한 영화들을 보면 분단을 주제로 한 영화들이 많았습니다. 분단 정서가 얼마나 심각하게 우리 사회를 지배하는지 알 수 있습니다.

식민지, 분단, 독재로 점철된 비정상적인 역사

식민 지배, 분단, 친일독재, 군사독재로 점철된 역사가 우리 사회에 어떤 부정적인 영향을 미쳤을까요? 한마디로, 도덕적 정당성을 상실한, 떳떳하지 못한 사람들이 사회를 지배한 기간이 너무 길었다는 겁니다. 다른 나라의 근대화 과정 속에서 그런 부정한 시기가 있었다고 해도 어디에선가 그 고리가 끊겼는데, 우리 사회에서는 좀처럼 끊어지지 않았습니다. 해방이 돼도, 전쟁이 끝나도 잘 살던 사람들은 계속 잘 살았고, 고생하던 사람들은 계속 고생을 할 수밖에 없었습니다. 사회가 바뀌지 않았습니다.

이승만李承晩, 재임 1948~1960 씨가 대통령을 할 때 검찰청

장, 대법원장, 법무장관, 육군참모총장, 수도사단장, 서울시장 등 이렇게 쟁쟁한 요직을 지낸 사람들의 공통점이 무엇이었을까요? 요직을 지낸 사람들 중에는 일제로부터 훈장을 받은 사람들이 많았습니다. 훈장을 받은 공적사유는 무엇이었을까요? 독립군을 많이 토벌했다든가, 청년들을 위안부와 학도병으로 많이 내보냈다든가 이런 공로로 훈장을 받은 사람들이었습니다.

반면에 독립운동가 후손들은 10명 중에서 6명이 극빈자로 살았고, 독립운동가 후손 10명 중에 8명이 고졸 학력자들이었습니다. 독립운동을 했던 사람들은 자녀들을 학교에 제대로 보내지 못했는데, 친일파의 자식들은 해외 유학까지 다녀와서 우리 사회 각 분야에 지도층으로 진출했습니다. 정치인, 경제인, 행정관료들은 물론 학자들, 대학교수들 중에도 그런 사람들이 많았습니다.

우리 사회 문제점들을 바로 이해하기 위해서는 식민지, 분단, 친일독재, 군사독재로 이어진 잘못된 역사 발전 과정 전체를 통찰해야 합니다. 그 왜곡된 역사의 끄트머리에 우리가 태어난 것이기 때문에 현재 상황만 봐가지고는 이해할 수 없습니다. 다른 나라와 달리 우리 사회에 뿌리 깊게 자리 잡은 보수적 정치 성향과 노동운동에 대한 짙은 혐오감은 식민지와 분단과 친일독재 및 군사독재로 이어진 비정상적인 역사 발전 과정의 결과입니다.

보수 신문에 실리는 저명인사들 칼럼을 한번 주의 깊게 살펴보시기 바랍니다. 왜곡된 역사 속에서 형성된 그릇된 생각에서 빠져나오지 못한 주장이나 생각이 아직도 우리 사회에는 무척 많습니다.

한국 역사 발전의 가장 중요한 시기에 각종 제도와 정책을 결정하고 교육과 언론을 장악한 세력이 국민들 앞에서 무언가 많은 것을 감추고 있어야 하는 사람들이었다는 것은 단순히 개인적 도덕 이상의 문제를 갖습니다. 지배 세력이 자신들에게 불리한 생각이나 사상을 철저히 탄압하기 때문에 사회 전체에 올바른 가치관이 형성되는 것을 불가능하게 만듭니다. 다른 나라에서는 모두 하고 있는 노동문제에 관한 교육을 우리나라 학교에서는 하지 못하고 있는 이유가 바로 그 때문입니다.

우리 사회의 노동문제를 바르게 이해하기 위해서는 일제 식민지 40년, 분단 60년, 친일 독재와 군사독재로 점철된 역사 발전 과정을 통찰할 수 있는 눈을 가져야 합니다.

노동자 권리에 대한 바른 이해

세계 대부분의 나라에서 노동자들이 노동조합을 조직하고 자신들의 권리를 위해 활동할 수 있는 권리를 법률로서 보장하고 있는 이유는 무엇일까? 길게 말할 것도 없이, 노동조합 활동이 사회 전체에 유익한 영향을 미치기 때문입니다. 그러한 사실들은 근대 역사 속에서 검증되어 왔습니다.

노동자들의 활동이 사회에 유익한 영향을 미치는 것은 노동자들의 인격 수준이 높기 때문이 아니라 우리가 살아가는 자본주의 사회의 모순된 구조가 노동자들에게 올바른 선택을 강요하는 측면이 있기 때문입니다. 노동조합 활동의 목적이 "내 일자리를 지키겠다"거나 "한 푼 더 받겠다"거나 "보람 있는 직장인으로 살고 싶다"는 수준에 머물렀다 해도 결국은 그러한 노력들이 우리 사회의 불평등 구조를 개선하고 경제구조를 건강하게 만드는 계기가 될 수 있습니다.

그런데 우리는 그러한 사회 원리에 대해서는 전혀 배울 기회가 없었고 노동조합 활동이 사회에 해로운 영향을 미치는 것처럼 배웠습니다. 여러분이 '노동조합'이라는 단어를 들으면 곧바로 '집단 이기주의'라는 말이 떠오르는 이유는 그 때문입니다. 노동자들이 열심히 노동운동을 하면 자신의 이익이 줄어드는 경영자들이 우리 사회의 교육과 언론을 거의 지배하고 있기 때문입니다.

우리나라 방송국에 노동조합이 없었다면 방송 내용이 이만큼 공정해지지 않았을 것이고, 선생님들의 노동조합 전교조가 없었다면 우리나라의 공교육은 훨씬 더 황폐해졌을 것이고, 병원에 노동조합이 없었다면 우리나라 병원에서 부자와 가난한 사람들에 대한 차별이 훨씬 더 심각해졌을 것입니다.

노동조합이 없다면 자본주의 사회는 소수의 특권을 누리는 부자들의 이해가 무자비하게 관철되는 심각한 불평등구조를 벗어날 방법이 없습니다. 노동조합은 사회의 불평등구조 때문에 발생하는 수많은 문제들을 해결할 수 있는 수단을 제공합니다. 지금까지 200년이 넘는 역사 속에서 그 역할을 수행해왔고 앞으로도 계속할 것입니다. 힘 있고 돈 많은 사람들일수록 노동조합을 혐오하는 이유는 그 때문입니다.

물론 노동자들이 오로지 자신들의 이기적 이익만을 추

구했을 때 발생하는 문제점들이 전혀 없지는 않습니다. 그렇지만 우리는 지금까지 노동조합 활동의 유익함보다 해로움에 대해서만 너무 많이 듣고 보고 배워왔습니다. 최소한, 노동자들이 조금 더 행복하게 살기 위해서 하는 임금 인상 활동을 사회적 범죄행위처럼 보는 시각은 정상이 아니라는 것입니다. 현명한 청소년이라면 노동문제에 대한 자신의 생각에 의심을 품어볼 필요가 있습니다. 그래야 진실이 보입니다.

하종강

• 노동문제에 대한 상담과 교육을 30여 년 동안 하고 있다. 1994년 제6회 전태일 문학상을 받았다. 서울지방노동위원회 공익위원, 《한겨레》 객원논설위원을 지냈으며, 2008년 현재 한울노동문제연구소 소장 및 인천대 강사 등을 맡고 있다. 전국을 돌아다니며 노동자들을 만나고 있고, 나이가 여든 살 쯤 될 때까지 그렇게 일하고 싶은 꿈을 갖고 있다. 지은 책으로 『아직 희망을 버릴 때가 아니다』, 『길에서 만난 사람들』, 『그래도 희망은 노동운동』, 『철들지 않는다는 것 – 하종강의 중년일기』 등이 있다.

아버님께 올리는 글

이현주 | 목사·동화작가

아버님, 당신의 철부지 둘째가 올해로 나이 예순 다섯이 되었습니다. 아버님이 서른여섯에 돌아가셨으니, 이제 몇 년 만 더 살면, 제가 아버님보다 두 배 가까이 더 사는 셈이 되겠네요. 아버님, 그 사이에 세상 참 많이 좋아졌습니다. 아니, 세상 참 많이 달라졌습니다. 제가 방금 말을 바꾼 까닭을 아시겠지요? 아버님 세상을 떠나신 뒤로 반세기 남짓 세월이 흘렀는데요, 그동안 세상은 빠른 속도로 바뀌고 또 바뀌었습니다.

아버님이 자전거 뒤에 어머님을 태우시고 아침에 길을 떠나 저녁나절에 도착하셨다는 그 길을 요즘은 자동차로

아버님께 올리는 글 ∷ 265

30분이면 충분히 갈 수 있습니다. 연인과 헤어져 항라 저고리 궂은비에 적시며 울고 넘던 천등산 박달재도 모두 옛말이 되었어요. 지금은 다릿재, 박달재에 쌍둥이 터널이 뚫려 제천에서 충주까지 자동차로 40분 거리가 되었습니다.

교통수단이 빨라지면서 공간이 좁아졌고, 그래서 사람들은 '지구촌'이라는 말을 아무렇지도 않게 쓰고 있지요. 말 그대로 지구가 한 마을처럼 작아진 겁니다. 아버님도 전화기를 보셨을 테니까 전화라는 물건 자체가 생소하진 않겠지만, 그 전화로 미국이나 아프리카에 있는 친구와, 그것도 길을 걷거나 차를 타고 가면서 마냥 수다를 떨고 있는 아이들을 생각하실 수 있겠습니까? 부엌 아궁이에 군불을 지피고도 한참 기다려야 따뜻해지던 사랑방 아랫목이 요즘은 집에서 수백 리 떨어진 곳에서도 전화번호 몇 개만 누르면 '보일러'라는 기계 머슴이 제가 알아서 알맞은 온도로 덥혀놓는답니다. 이런 얘길 하자면 몇 시간을 해도 모자랄 터인지라, 계속하지 않겠습니다.

아버님, 제 나이가 자그마치 예순 다섯이나 되었는데, 요즘 세상에서는 젊은 것 대접을 받습니다. 그만큼 사람들 평균 수명이 길어졌다는 말이지요. 이것 역시 전에 견주어

확실히 달라진 현상입니다만 그게 과연 바람직하고 좋은 현상인지, 그건 모르겠어요. 아무튼 사람이 길게 오래 사니까 좋다는 말에는 동의할 수 없습니다.

그러나 아버님, 저는 그동안 세상이 달라졌을 뿐 아니라 실제로 좋아졌다고 생각합니다. 더 빨라지고 더 편해졌기 때문에 좋다는 게 아니라 사람들 살아가는 방식이랄까 그 모습이 전에 견주어 많이 좋아졌다고 보는 거예요. 무슨 말이냐 하면, 사람들이 갈수록 평등해지고(사람들 사이에 쌓여 있던 장벽들이 무너진다는 뜻입니다), 그 삶의 양상이 갈수록 밝아진다는 겁니다. 아버님 생전에 이미 양반과 상놈 사이의 장벽은 무너지기 시작했지만, 지금은 그런 말을 입에 올리는 것조차 겸연쩍은 일이 되었습니다. 흑백 차별이라는 말로 대변되는 인종과 인종 사이의 장벽도 이제는 낡은 시절의 유물처럼 되었어요. 지구에서 인종분리정책을 가장 지독하게 실천해온 나라로 알려진 남아공에서 존경받는 흑인 대통령이 선출되었고, 미국에서도 드디어 흑인이 대통령 후보가 되었지요. 여자와 남자 사이의 철옹성같던 장벽도 이제 더 이상 버틸 수 없게 되었고 동성끼리 사랑하여 결혼하는, 아버님이 보시면 기절초풍(?)할 만한 일들이 매스컴의 조명을 받으며 벌어지고 있습니다. 예, 그래요, 아버님. 바야흐로 지구상의 인류가 창세 이래 처음으로 '새로운 천 년'을 경험하기 시작했습니다. 이건 엄청난 변혁이요, 천지개벽이라고밖에 말할 수 없는 전대미문의 사건이에요.

요즘은 서울을 중심으로 전국 여러 도시에서 밤마다 수천 수만 개의 촛불이 춤을 추고 있습니다. 무슨 말이냐고요? 정부에서 미국과 쇠고기 무역 협상을 맺었는데, 그 내용을 받아들일 수 없다면서 사람들이 촛불을 켜들고 밤거리로 나온 겁니다. 처음에는 중·고등학교 학생들이 촛불을 들고 거리로 나와 "미친 소 너나 먹어라!" 하고 소리를 냈지요. 당연히 어른들은, 철부지 애들이 장난을 하는구나, 하고 넘어가려 했지만, 그게 아닌 겁니다. 촛불은 자꾸만 커졌고, 사람들도 늘어났고, 아이들보다 더 많은 어른들이 촛불을 들고 거리를 행진하게 된 거예요. 두 달 남짓 계속되는 서울의 촛불 행진을 보면서, 저는 몸으로 전율을 느꼈습니다. 이건 그냥 보통 시위가 아니라, 새로운 시대, 새로운 문명의 아침이 밝아오고 있음을 알리는 신호sign인 것입니다. 아, 내가 용케 살아 있어서 낡은 시대, 낡은 정신, 낡은 문명의 붕괴와 함께 새로운 시대, 새로운 정신, 새로운 문명의 태동을 목격하는구나! 가냘픈 손에 촛불을 밝혀 든 한국의 '아이들' 과 핵무기에 첨단 무기로 완전무장하고 세계의 경찰을 자처하면서 이권利權이 있는 곳이면 지구별 어디든 빠짐없이 뒤지며 힘없는 나라들을 협박하고 있는 '아메리카 합중국' 이 서울 한복판에서 정면으로 맞붙었다는 사실이, 제 눈에는 너무나도 정확하고 아름다운 신호로 보이는 거예요.

하지만 이는 단순히 한국 아이들과 미국 정부 사이의 충돌이 아니라 낡은 세대 낡은 문명과 새로운 세대 새로운 문명 사이의 충돌입니다. 한국 정부는 그 중간에서 어느 한 쪽을 택해야겠지요. 어느 쪽을 택하든 그건 큰 문제가 아닐 거예요. 왜냐하면, 인류의 오랜 역사가 증명해왔듯이, 낡은 세대, 낡은 문명이 새 세대 새 문명과 충돌하여 이겨본 적이 없으니, 이번에도 이미 승패는 결정된 충돌이라고 봐야 할 테니까요. 그 삼엄한 핵무기를 춤추는 촛불로 무너뜨리다니! 이보다 더 신랄한 풍자가 어디 있고 이보다 더 극적인 반전反轉이 어디 있습니까? 백합 한 송이가 솔로몬의 비단옷을 넝마로 만든 것이나, 다윗의 돌팔매가 골리앗의 창과 방패를 거꾸러뜨린 것과 같은 얘기지요.

이 새로운 문명의 토대가 된 것이 바로 '정보의 노출'이라고, 달리 말하면 '정보의 독점이 불가능해진 상황'이라고 저는 봅니다. 이십 년 전만 해도, 아니 십년 전만 해도, 저마다 손에 디지털 카메라를 들고서 아무것이나 아무 데서나 마구 찍어대고 그 찍은 것을 실시간으로 전국에 뿌려버리는 '젊은 애들'의 존재를 보통 사람은 상상조차 하기 힘들었을 거예요. 그런데 그게 엄연한 현실이 되었거든요. 누구도 이 현실을 부인하거나 틀어박거나 이전으로 돌려보낼 수 없습니다. 흐르는 강물이 개울로 돌아갈 수 없고, 익은 빵이 밀가루 반죽으로 돌아갈 수 없듯이, 벌써 저렇게 환해진 새 문명의 아침을 그 누가 낡은 시절의 밤으로, 비밀이 지배하고 몇 사람 또는 몇 단체가 정보를 독점하던 낡은 문명의 밤으로 돌려놓을 수 있겠습니까?

아버님, 저는 한민족이란 말을 별로 좋아하지 않습니다. 제가 '한국인'임은 분명한 사실이지만, 제 스승을 본받아서, 앞에 '한국'이라는 말뿐 아니라 다른 어떤 수식도 붙지 않는 그냥 '사람'으로 살고 싶어 한다는 것, 아버님도 아시지요? 그런 저지만, 하필이면 한국의 아이들, 그것도 어른들 말을 듣지 않고, 저마다 제멋대로요, 도무지 통제 불능이라서 골치가 아픈 아이들이, 한 자루 촛불로 지구촌에 밝아오는 새 문명의 아침을 마중하고 있다는 사실을 생각하면, 이렇게 가슴이 두근거리고 손발이 떨립니다.

아무래도 저는 행운아입니다. 있는 자가 없는 자 위에 군림하는 세상, 약육강식의 논리가 지배하는 세상, 그래서 무한 경쟁이라는 말까지 만들어 모든 사람을 '다투는 존재'로 변질시킨 세상이 바야흐로 무너지면서 그 틈새로 밝아오는 새 세상의 아침을 볼 수 있게 되었으니, 늙은 시므온이 어린 예수를 품에 안고, "내가 이 아기를 보았으니 이제 죽어도 여한이 없다"고 했다던데, 제가 지금 그 심정을 알 것 같습니다. 물론 우리 아이들에게도 붙잡고 씨름해야 할 문제들이 왜 없으며 스스로 극복해야 할 병통인들 왜 없겠습니까만, 그러나 저는 조금도 걱정되거나 불안하지 않습니다. 왜냐하면, 존재하는 모든 것이 노출되어 제 모습을 드러내는, 드러내지 않을 수 없는, '새천년'의 아침이 바야흐로 밝았기 때문입니다.

낡은 세대, 낡은 문명은 나름대로 할 일을 다 했고, 그 공로 또한 무시해서는 안 되겠지만, 이제는 그것들을 등지고서, 비밀이 없는 세상, 모든 것이 드러나기 때문에 밝게 살지 않으려면 스스로 만든 할렘의 그늘로 숨어들어야 하는 세상을 향해 가슴 펴고 나아가야 할 때입니다. 저는 그 앞줄에 우리 아이들이 서 있는 것에 대하여, 다만 고맙고 고마울 따름입니다.

아버님, 제가 이곳에 머물 시간이 얼마 남지 않은 듯합니다. 남은 세월, 새로 일 만들지 말고, 지금보다 더 욕심 없는 눈으로 세상을 응시하며, 제 속에 피어오르는 이 희망과 낙천樂天을 아낌없이 나누다가, 말없이 소리 없이 흔적도 없이 아버님 곁으로 가고 싶습니다. 도와주십시오.

이현주

• 목사이자 동화 작가, 번역 문학가로서 동서양을 아우르는 글들을 집필하는 한편, 대학과 교회 등에서 강의한다. 동화집 『알 게 뭐야』, 『살구꽃 이야기』, 『날개 달린 아저씨』 등과 『예수를 만난 사람들』, 『이아무개의 장자 산책』, 『길에서 주운 생각들』, 『보는 것마다 당신』, 『이현주 목사의 꿈 일기』 등을 썼으며, 『예언자들』, 『숨겨진 보물을 찾아서』, 『배움의 도』, 『바가바드 기타』 등을 우리말로 옮겼다. 태어날 때 이미 모든 것을 받았으니 이제 우리가 할 일은 도로 내어드리는 것밖에 없다는 '드림정신'을 제안하고, 주식회사 '드림'을 설립해 인터넷 카페와 건물 없는 교회인 '드림실험교회'를 통해 여러 사람들과 드림정신을 실천한다.

대한민국 청소년에게

초판 1쇄 발행_ 2008년 8월 25일
개정판 1쇄 발행_ 2019년 1월 15일

지은이_ 강신주, 권오성, 기세춘, 김규동, 김낙중, 김성동, 김조년,
　　　　박승옥, 우석훈, 이이화, 이현주, 최열, 하종강, 홍세화
펴낸곳_ 바이북스
펴낸이_ 윤옥초
책임편집_ 이성현
편집팀_ 김태윤
책임디자인_ 방유선
디자인팀_ 이민영

ISBN_ 979-11-5877-078-5 43300

등록_ 2005. 07. 12 | 제 313-2005-000148호

서울시 영등포구 선유로49길 23 아이에스비즈타워 1005호
편집 02) 333-0812 | 마케팅 02) 333-9918 | 팩스 02) 333-9960
이메일 postmaster@bybooks.co.kr
홈페이지 www.bybooks.co.kr

책값은 뒤표지에 있습니다.

책으로 아름다운 세상을 만듭니다. - 바이북스